筑摩選書

大澤絢子
Osawa Ayako

親鸞「六つの顔」はなぜ生まれたのか

親鸞「六つの顔」はなぜ生まれたのか　目次

親鸞「六つの顔」はなぜ生まれたのか

凡例

一、引用文中の旧字体の漢字は原則として新字体に改めた。難読漢字には適宜、読み仮名を振るようにした。仮名遣いは原文のままとした。

二、書名における旧字体の漢字はそのままとした。

序章

あふれだす親鸞

身近で曖昧な親鸞

親鸞（一一七三―一二六二／一二六三）は、日本人にとって最も身近な宗教者の一人である。親鸞を宗祖とする浄土真宗の寺院数は日本で最も多く、門徒《もんと》とよばれる信徒や僧侶の数も日本一である。書店には歴史から文学、思想、教養、自己啓発系に至るまで、親鸞に関する本がズラリと並び、これに親鸞の言葉をまとめた『歎異抄』関連の本を加えれば膨大な量になる。それだけではない。これまで名だたる思想家たちが親鸞を取り上げ、『歎異抄』を論じ、有名作家たちは親鸞を題材に多くの作品を世に送り出してきた。私たちの周りには、親鸞が溢れているのだ。

その一方で日本人の多くは、親鸞のことをよく知っているわけではない。どちらかと言えば、なんとなく親鸞を知っているという感覚の方が近いだろう。浄土宗と浄土真宗の違いは知らないが親鸞の名前は聞いたことがあるという人は多く、親鸞が浄土真宗の宗祖だと知らない人だっているかもしれない。家がたまたま浄土真宗だから親鸞には多少馴染みがあるという人もいるだろうし、逆に自分の家が何宗かを知らなくても、親鸞には興味があるという人もいるだろう。『歎異抄』をきっかけに親鸞に関心を持った人もいれば、吉本隆明（一九二四―二〇一二）や野間宏（一九一五―九一）の親鸞論を読んで、その思想に惹かれた人もいることだろう。吉川英治（一八九二―一九六二）の『親鸞』や五木寛之（一九三二―　）の「親鸞」シリーズをきっかけに親鸞が好きになったという人も結構いるのではないだろうか。曖昧だが身近な存在。それが親鸞なのだ。

私たちは親鸞のことをよく知らなくても、彼について何かしらイメージすることができる。例えばそれは、浄土真宗を開いた祖としての親鸞であったり、僧侶でありながら妻帯した親鸞であったり、『歎異抄』の親鸞であったり、民衆とともに歩んだ親鸞であったりすることだろう。これらは歴史上の親鸞とは別の、人々にイメージされた親鸞である。そうした親鸞にまつわるイメージの総体（親鸞像）を作り上げたのは、浄土真宗を信仰する者だけでなく、歴史家や文学者、思想家、哲学者、研究者そしてその他多くの日本人である。この本では、親鸞像を形作っている主な要素を「顔」に見立てて、そのうち特に重要な「六つの顔」がなぜ、どのように生み出されたかを、中世・近世・近現代を通して読み解いていく。

長い歴史のなかで親鸞は、非凡で神秘的な存在にもなり、時にキリスト教や社会主義、あるいは天皇を中心とした国のあり方を信奉する日本主義の立場からも読み込まれ、民衆の先導者や革新者、反骨児にもなった。一方では、私たちと同じ人間として、人生や恋に苦しむか弱い人物とされた。民衆の求めるヒーローとして活躍し、ドラマチックな物語の主人公にもなった。これら無数の親鸞イメージが、実在の親鸞とはかけ離れたものであっても、紛れもなくそれは親鸞その人として語られ、親鸞像はますます多様化し、人々のあいだに浸透していったのである。

親鸞以外にも、空海（七七四―八三五）や日蓮（一二二二―八二）といった有名な宗教者は存在する。私たちは、彼らについても何らかのイメージを持っている。本人と実際に会っていない以上、彼らの本当の姿を語ることは不可能ではあるが、私たちは空海や日蓮についても、それまで語られてきた事柄から、ある種のイメージを形作り、時に語る。そうした宗教者のなかで親鸞が特別なのは、没後早くに宗祖としてのイメージが確立し、親鸞を中心とする日本屈指の巨大な宗教組織が誕生したからである。その宗教組織は現在、浄土真宗と呼ばれている。

宗祖としての親鸞

浄土真宗は現在、主なものだけでも一〇派に分かれており、なかでも東本願寺（真宗大谷派）と西本願寺（浄土真宗本願寺派）の規模がひときわ大きい。文化庁の『宗教年鑑』（平成三〇年版）によれば、この二つの派に属する寺院数は、合わせて約二万弱にもなる。門徒と呼ばれる信徒数は、公表されたデータによれば計一五六八万人ほど。[1] つまり日本では、寺院数も信仰者の数も、浄土真宗が一番多いのである。

大阪には御堂筋という有名な街路があるが、ここでいう「御堂」とは、大谷派の南御堂（難波別院）と本願寺派の北御堂（津村別院）のことを指す。明治時代には京都市内まで琵琶湖から独自に水道（本願寺水道）を引き、参拝者のための駅（梅小路停車場）まで整備した。さらにさかのぼれば、本願寺の門徒集団は、織田信長（一五三四―八二）や徳川家康（一五四三―一六一六）の軍勢をも脅かす巨大勢力だった（石山合戦／三河一向一揆）。それくらい本願寺は圧倒的な存在感を誇った。日本を代表する仏教教団と言っても過言でないこの二つの浄土真宗（大谷派、本願寺派）の、宗祖としての親鸞像がどのように形作られ、それがどう変容することで「六つの顔」をもつに至ったのかを明らかにし、日本人にとって親鸞とはどのような存在であったかを解き明かすこと。それがこの本の目的である。

江戸時代になって、本願寺は東本願寺（お東）と西本願寺（お西）に分かれ、京都駅の北側にそれぞれ大伽藍を構える。ライバルというわけでないが、それぞれの派に属する僧侶たちの作法や衣の形、経を称《とな》える際の声の高さや調子、教義の解釈を比べると、それらは微妙に異なる。親鸞の師である法然（一一三三―一二一二）の表記の仕方も、大谷派は「法然上人」、本願寺派は「法然聖人」といった具合である。さらには大谷派が旧暦、本願寺派が新暦を採用しているため、親鸞の没年月日も、大谷派では一二六二年一一月二八日、本願寺派では一二六三年一月一六日という違いがある。一般家庭にある仏壇の形も、お東とお西ではかなり違う。こうした違いがそれぞれの派のアイデンティティとなり、僧侶や門徒たちは、自分たちがどちらに属しているか、自覚を持って信仰してきた。

細かく見ていけば、同じ親鸞を宗祖とする浄土真宗でも異なる点は山ほどある。だが、親鸞を宗祖とし、その教えが僧侶や門徒によって脈々と受け継がれてきた点では、どちらも変わりはない。宗祖親鸞のイメージは、この宗教集団を支える太い柱である。この宗祖としての親鸞像に、新たなイメージがつけ加えられたかと思うと抜き取られ、あるいは読み替えられたりして出来上がったのが、現在の親鸞像である。この本は、親鸞という実在の人物に絡みついた無数の糸を解きほぐし、「如来の化身」・「法然の弟子」・「説法者」・「本願寺の親鸞」・「妻帯した僧」・「『歎異抄』の親鸞」という、親鸞の「六つの顔」がなぜ、そしてどのように生まれたかを明らかにすることで、親鸞像が出来上がったプロセスをたどり直す試みである。

親鸞の生涯を語る「型」

まずは彼の生涯を簡単にたどってみたい。

親鸞が生まれたのは承安三（一一七三）年。出生地は京都で、藤原氏の家系とされる。九歳の時に親元を離れ、摂政、関白をつとめた有力貴族の九条兼実《くじょうかねざね》（一一四九―一二〇七）の実弟で、次の比叡山のトップに立つことを約束されていた慈円（一一五五―一二二五）のもとで出家し、「範宴《はんねん》」と名のったという。以降、二〇年にわたって比叡山で厳しい修行に励み、二九歳の時に法然と出会い、ついに比叡山を下りて彼の弟子となった。

当時、法然の弟子は大勢いたが、その中でも親鸞は特別な存在で、ほとんどの者が見ることも許されなかった法然の『選択《せんじゃく》 本願念仏集《ほんがんねんぶつしゅう》』を書き写す許可を得たほどだったという。ところがほどなくして、奈良の寺院や延暦寺が、法然らの念仏を停止せよとの訴えを起こした。念仏すれば極楽に生まれることができると説く法然らが、それを口実に乱れた行いをして民衆を惑わしているとして激しく批判されたのである。興福寺も、朝廷に対して法然らの念仏停止を強く訴え、最終的に法然とその弟子たちは、死罪あるいは流罪という厳しい刑に処せられた。親鸞は法然と離ればなれとなり、越後に流罪となった。この時、僧としての身分を奪われた親鸞は、自分のことを僧でもなく俗人でもない「非僧非俗《ひそうひぞく》」（僧に非《あ》らず俗に非らず）だとして、「禿《とく》」の字を姓とした。

五年ほど後に罪は赦されたが、親鸞は京都には戻らず、関東に移った。僧侶や民衆に対して教えを伝えた親鸞のもとには身分を問わずたくさんの人が集まってきたという。この頃から『顕浄土真実教行証文類《けんじょうどしんじつきょうぎょうしょうもんるい》』（『教行信証《きょうぎょうしんしょう》』）の執筆に着手し、推敲を重ねた。こうして関東で二〇年ほど過ごした後で京都に戻り、九〇年という長い生涯を終えた。

このような親鸞のライフヒストリーは、広く知られていることと思う。だが、その原型が、親鸞のひ孫にあたる覚如《かくにょ》（一二七〇―一三五一）が制作した、「親鸞伝絵《しんらんでんね》」という絵巻物にあることは、あまり知られていないのではないか。親鸞の生涯はこの絵巻をもとに語られ、宗祖としての親鸞像が形作られていった。この絵巻は「伝絵《でんね》」と略称されることが多い。それにならって、本書でもこの絵巻を「伝絵」と呼ぶことにする。

今なお不明な史実としての親鸞

親鸞の生涯、親鸞という存在を語るのは、そう簡単なことではない。

第一に、親鸞が自分の生涯について語った記録は、ほとんど残されていない。親鸞が自分の生涯について書き記したのは、『教行信証』の「後序《ごじょ》」と呼ばれる短い文章のみである。『教行信証』をはじめとして、自身の思想を記した書物や和讃《わさん》（仏・菩薩などをたたえた詩や歌）、門弟たちへ宛てた手紙を数多く残している親鸞だが、自分自身のことはあまり語らず、彼がいかなる人生を歩んだのかは、いまだ不明な点が多い。

第二に、同時代の浄土真宗関係以外の史料のなかで、親鸞の名や彼の活動を記したものは、日記、記録、文書とも現存していない。親鸞を出家させたとされる慈円や、親鸞と同じ時代を生きた人々が書き残したものに親鸞らしき人物は登場せず、彼が流罪となったという記録もない。法然が親鸞について書いた文章もなく、法然を宗祖とする浄土宗の側にも、親鸞が法然の特別な弟子であったことを示す確かな証拠はない。こうなると、「伝絵」の内容が、はたして本当なのか、疑わしくなってくる。

そのため明治期には、親鸞という人物は歴史上、存在しなかったという、「親鸞不在説」（あるいは「親鸞抹殺論」）を唱える研究者すら登場した。たとえば、歴史学者の長沼賢海《けんかい》は「親鸞聖人論」[2]のなかで「伝絵」の記述を徹底的に検証した結果、その史料的価値を否定し、「後序」までも偽作、つまり親鸞が書いたものではないと断じている。「伝絵」をはじめとする史料に書かれていることがどこまで本当なのか、厳密に検証をすればするほど、親鸞の人生は曖昧なものになっていったのである。

さすがに親鸞が実在したことを真っ向から否定する研究者はいなかったが、親鸞その人の存在が疑われた時代があったのである。その後、『教行信証』などの筆跡が鎌倉時代のものかどうかが緻密に検証され[3]、この時代に親鸞と呼ばれる人物が存在したことは、大正期になってようやく確かめられた。さらに大正一〇（一九二一）年には、親鸞の妻とされる恵信尼《えしんに》（一一八二―？）の手紙（『恵信尼消息』）が発見され、その内容がそれまで伝えられていた事柄と一致することが確認された。こうして親鸞の実在はようやく確定し、彼の人生についてもある程度、わかってきた。親鸞に関する歴史学的研究の一つの到達点を示したのは、赤松俊秀の『親鸞』（一九六一年）である。この書が刊行されたのは、親鸞の没後七〇〇年目である。しかし、この研究でも、親鸞のすべてを明らかにできたわけではない。

　真宗史を専門とする草野顕之《けんし》が述べているように[4]、親鸞の生涯は「伝絵」を基礎とし、そこに親鸞の手紙（消息）や『恵信尼消息』で述べられたことを繋ぎ合わせるようにして語られてきた。『恵信尼消息』が発見されて以降、「伝絵」などで語られた出来事との照合が繰り返し行われ、それが事実かどうか、その出来事が親鸞の思想においていかなる意味を持つのかについて、盛んに議論がなされてきたのである。それで言えば赤松の『親鸞』も、「伝絵」と『恵信尼消息』から事実を抽出してその内容を解釈したものであった。歴史学者の仕事としては当然のやり方であったが、逆に言えば、伝記や書簡、物語などで語られる親鸞像がどのような意味を持っているのかは、ほとんど研究されてこなかった。

　一方、思想研究では、伝記に描かれた、親鸞の身に起こったことや、書簡などに残された言葉が、浄土真宗の教えとしてどう理解できるのか、どのような意味を持つのかをめぐって、非常に緻密な議論が積み上げられていった。親鸞が何を伝えようとしていたのか、親鸞の思想はいかなるものであったかは、親鸞が宗教者である以上、きわめて重要な研究テーマである。

日本人は親鸞に何を求めてきたのか

しかし親鸞は、先に述べたように、日本人にとって最も身近な宗教者の一人である。そうであれば、親鸞の思想が一般の人々にどのように受けとめられたのか、どのような親鸞像が語られてきたのかという点にも目を向ける必要があるだろう。それによって、日本人が親鸞に何を求めてきたのかも明らかになるはずだ。

親鸞がいかに語られたのかを明らかにし、その「六つの顔」から、現在の親鸞像を解きほぐすこと。それが、この本の目的である。親鸞の語られ方に関しては、塩谷菊美の『語られた親鸞』（二〇一一年）という重要な著作がある。この本では、中世から近世、近代にかけて制作・出版された、親鸞をめぐる物語がどのように変容し、受容されていったかが論じられている。人々にとっての親鸞は、史実や思想研究、そして伝記で語られたことの真偽の検証だけでは明らかにできないことを明確に打ち出した画期的な研究である。しかし、この著作では、近現代において親鸞像がどう形作られていったのかについては、ほとんど触れられていない。

また近代の親鸞像を論じる際、研究者の間で必ずと言っていいほど挙げられるのが、福島和人の『近代日本の親鸞――その思想史』（一九七三年）である。しかし、この本が書かれてから既に五〇年近くが経つ。そこでは論じられなかった近現代の親鸞をめぐる事象とそこでの親鸞イメージを明らかにするのも、本書の目指すところである。

「如来の化身」・「法然の弟子」・「説法者」・「本願寺の親鸞」・「妻帯した僧」・「『歎異抄』の親鸞」という「六つの顔」はなぜ生まれたのか。親鸞像は、どのように変化してきたのか。変化した理由は何か。なぜ親鸞は、日本社会でこれほどまでに認知され、語りの対象となってきたのか。本書では、こうした問いを携えながら、宗祖としての親鸞像がどう変容してきたのかを明らかにする。現在の親鸞像へたどり着くまでの道程を追跡することで、日本人にとって親鸞とはいかなる存在なのか、その内実に迫りたい。

本書の構成

本書ではまず、親鸞の「六つの顔」のうち、浄土真宗の「宗祖親鸞」というイメージを形作っている「如来の化身」・「法然の弟子」・「説法者」・「本願寺の親鸞」という四つの「顔」が出来上がったプロセスを検証する。第一章では、「伝絵」における親鸞像の分析を試みる。なぜなら「伝絵」こそが、親鸞像の起点をなすからだ。ここでは、「如来の化身」・「法然の弟子」・「説法者」という「顔」が語り出された経緯を整理し、そこに「本願寺の親鸞」が加えられていく行程に着目する。具体的には、「伝絵」を制作した覚如の言説を解読し、宗祖としての親鸞像が決定づけられたプロセスを明らかにする。

第二章では、宗祖としての親鸞像を形作る四つの「顔」が変容していく過程に迫る。覚如が制作した三つの「伝絵」を比較することで、ここでの親鸞像が、宗祖としての親鸞像の決定版であることが示されることになるだろう。さらに本章では、この親鸞像にどのような要素が加わり、あるいは抜き取られることで、私たちが現在イメージする親鸞像に結びついていったのかを解き明かす。

第三章では、「妻帯した親鸞」という、親鸞の新たな「顔」が出来上がっていくプロセスを検証する。「伝絵」には、親鸞が妻帯、すなわち結婚したことは描かれず、親鸞自身、それについては何も言及していない。しかし、「妻帯した僧・親鸞」というイメージは、現代の親鸞像の主成分の一つとなっている。この章では、江戸幕府による仏教界の取り締まりが行われるなかで妻帯が例外的に認められた浄土真宗が、宗祖親鸞の妻帯をめぐる物語をどのように語り出したのかを明らかにする。

第四章では、「『歎異抄』の親鸞」という六つ目の「顔」が生まれた謎を、近代における『歎異抄』受容から解き明かしていく。現代の親鸞像を形作る上で『歎異抄』は重要なテキストであるが、『歎異抄』における親鸞の言葉は「伝絵」には引用されず、内容もほとんど重ならない。そこで本章では、明治後期になって『歎異抄』の新しい読み方をしたとされる暁烏敏《あけがらすはや》（一八七七―一九五四）の読解と、『歎異抄』の教えを戯曲化して大ベストセラーとなった倉田百三《くらたひやくぞう》（一八九一―一九四三）の『出家とその弟子』（一九一七年）を取り上げる。彼らによって「『歎異抄』の親鸞」という、新しい親鸞像が語り出されるプロセスと、親鸞が浄土真宗の枠を超えて語られていく過程を俎上に載せる。

第五章以降では、こうして生み出された「六つの顔」が一般社会へ広まっていくなかでさらに変化を遂げるプロセスを明らかにする。大正期以降、親鸞は新聞や書籍、雑誌といった出版メディアで盛んに取り上げられ、それ以前とは比較にならないほど多様な親鸞像が誕生した。

第五章では、『出家とその弟子』をきっかけに巻き起こった大正期の親鸞ブームに照準し、分析を進める。具体的には、この時期にいち早く新聞小説で親鸞を取り上げた石丸梧平《いしまるごへい》（一八八六―一九六九）の作品を取り上げる。本章を通して、不特定多数の読者を対象とするメディアにおける親鸞像の変化と、大衆小説家・吉川英治へと継承された親鸞イメージを明らかにしていく。

第六章では、現代社会における親鸞像の展開に焦点を当てる。五木寛之の「親鸞」シリーズと、『バガボンド』で知られる漫画家・井上雄彦《たけひこ》（一九六七―　）が描く親鸞像に注目し、かれらが親鸞を描くことによって、親鸞像にどのような変化が生じたかを論じる。

終章では、「伝絵」を起点に語り出され、宗祖親鸞という像が形作られて以降、どのような変遷を経てきたのかを通覧し、現在の親鸞像を整理する。そのうえで、多くの日本人がなぜ親鸞に関心を向けてきたのか、私の解釈を示したい。

日本人の宗教観と親鸞

本書でいう「日本人」とは誰のことだろうか。中世から近世、近現代までの人々を日本人としてひと括りにして、その宗教観を語れるだろうか。海外に住む日系移民や外国籍を持つ日本居住者はどうなのかという議論も当然あり得るだろう。

ここでは、日本国内で暮らしてきた人々の、親鸞像の受容に範囲を限定している。日本には多くの寺院があり、浄土真宗系の寺院が最も多い。そんな浄土真宗の宗祖親鸞のイメージから、日本人と仏教との関わりを捉え直していく。冒頭で述べたように、親鸞は、日本社会において広くその名を知られた宗教者の一人である。したがって、そのイメージが形成されてきたプロセスを明らかにすることは、長い歴史のなかで人々が仏教や宗教的なもの、とともに、どのように生きてきたのかを浮かび上がらせることにもなるだろう。

日本に住む多くの人は、自覚的にせよ無自覚的にせよ、どこかの寺の檀家であるのが一般的であり、現代においても仏式の葬儀が圧倒的多数を占める。その一方で多くの人は、仏教のことをよく知っているわけでもなければ、仏教を熱心に信仰しているわけでもない。お正月には初詣に行って、神社とお寺の両方で御朱印をもらい、二月は豆をまきつつバレンタインのチョコレートを用意し、一〇月にはハロウィン・パーティーで盛り上がる。一二月には恋人とクリスマスを過ごし、大晦日には除夜の鐘を聞く。その時期がやってくると、規則正しく当たり前のようにこれらの宗教的行事に参加する日本人は、完全に無宗教というわけではない。しかし同時に、特定の信仰に強く依拠して生活しているわけでもない。

宗教と日本人の関わりは流動的で緩やかで、宗教的な事柄や出来事に対する興味や関心に支えられているところが大きい。親鸞像は、そんな日本人の宗教観を象徴しているのではないだろうか。仏像の美しさに惹かれて寺めぐりをしたり、好きな作家が書いた僧侶の登場する小説を読んだりと、意識的／無意識的に仏教と関わりを持ってきた日本人の宗教観を明らかにすることにも、本書は役立つはずだ。親鸞のイメージから、親鸞の実像やその思想を正確に取り出すことはできないが、人々に思い描かれ、語られてきた親鸞像から、その時々の人々の宗教観を明らかにすることはできる。本書はそのような観点から、日本人にとっての親鸞像という巨大なイメージの集積を解きほぐしていく。

1――文化庁編『宗教年鑑　平成30年版』文化庁、二〇一八年。
2――『史学雑誌』第二一編第三号（一九〇七年）から一〇回にわたって掲載。
3――山田文昭「教行信証の御草本に就いて」『無盡燈』四月号、一九一四年、辻善之助『親鸞聖人筆跡之研究』金港堂書籍、一九二〇年。
4――草野顕之「親鸞の伝記――『御伝鈔』の世界」小川一乘監修『シリーズ親鸞』第六巻、筑摩書房、二〇一〇年、二〇九頁。

第一章

「宗祖親鸞」の起源

親鸞は、浄土真宗の宗祖とされている。本来、この「浄土真宗」という言葉は、特定の組織を指すものではなく、極楽浄土に生まれるための真実の教えを意味する。親鸞には、浄土真宗という教団を立ち上げるつもりはなく、あくまで自分は、師である法然の教えを継承した者という態度を貫いていた。したがって、浄土真宗のことを親鸞に率いられた教団だと捉えるのではなく、親鸞を宗祖と仰ぐ教団だと考えたほうが適切である。

それならば、浄土真宗の宗祖としての親鸞像は、どのようなプロセスを経て形成されたのだろうか。浄土真宗において信仰の中核となるのが、宗祖としての親鸞像である。親鸞は「親鸞聖人《しんらんしようにん》」、あるいは、本願寺を開いた「御開山《ごかいさん》」と呼ばれ、崇められてきた。こうしたイメージを最初に形作った絵巻こそが、「伝絵」である。この章では、宗祖・親鸞像を決定づけたこの絵巻の初期において、親鸞がどのような存在として描き出されたのかを解き明かす。

「伝絵」に描かれた親鸞

「伝絵」は、親鸞の出家から死去、そして親鸞の遺骨を納めた廟堂が建てられるまでを描いた、親鸞の生涯をめぐる物語である。この絵巻は上巻の本《ほん》と末《まつ》、下巻の本と末の計四巻に分かれており、上巻は八段、下巻は七段の計一五段が基本形となっている。ひと続きの場面を段と呼び、親鸞にまつわる出来事が一五の場面に分かれ、それぞれ絵と詞書《ことばがき》（絵に添えられた説明文）とで構成されている。

上巻では、九歳の時に慈円のもとで出家した親鸞が、比叡山で修行生活を送ったこと。その後、比叡山を下りて法然の弟子となり、その教えを修得したこと。さらに、法然たちの念仏が批判され、越後へ流罪となったことが描かれている。下巻では、流罪が赦され、関東に移り住んだ親鸞が人々へ教えを伝え広めたこと。京都へ戻った親鸞が臨終を迎え、遺体は火葬にふされ、廟堂が建てられるまでが語られる。

このように「伝絵」は、親鸞の幼少期から死去した後までをまとめた一代記である。そこに描かれているのは、「法然の弟子・親鸞」であり、「人々に教えを広めた説法者・親鸞」といったイメージである。法然の弟子たちのなかで親鸞は特別な存在であったとか、人々に慕われ、教えを広めた宗教者であったというこれらの語りからは、親鸞を偉大な存在として押し出そうとする意図が見て取れる。

それだけではない。「伝絵」には、親鸞の身辺で起こった不思議な出来事も多く描かれている。親鸞の弟子が夢をみたとき、聖徳太子が登場して親鸞を拝んだというエピソードや、絵師の夢に出てきた善光寺の如来の顔が親鸞と同じ顔であったという話も出てくる。ここでの親鸞は、人間離れした神秘的な存在である。箱根の神が親鸞に配慮して親鸞一行を手厚くもてなすようお告げをしたり、熊野の神が親鸞を敬ったりと、神々にすら一目置かれていたことも描かれている。親鸞のことが気に入らず、親鸞に危害を加えようとした山伏が何度待ち伏せしてもなぜか親鸞に行き合うことができず、ついには親鸞の弟子になるといった不思議なエピソードもある。つまり

「伝絵」における親鸞とは、普通の人間とは異なる特別で不思議な存在、詞書にある覚如の言葉を借りれば、「弥陀如来の化現《けげん》」、「如来の応現《おうげん》」でもあるのだ。

このように、「伝絵」のなかの親鸞の「顔」とは、「法然の正統な弟子である親鸞」、「教えを広めた説法者・親鸞」、さらには「如来の化身・親鸞」から構成されているのである。

「伝絵」を作った覚如

「伝絵」を制作したのは、覚如である。親鸞の娘である覚信尼（一二二四―八三）の孫で、親鸞のひ孫にあたる彼は、幼い頃に母と死別している。彼は幼少期に親鸞の教えだけでなく、天台や法相《ほっそう》の教えも学んだ。容姿がたいへん優れていたために、幼い頃に誘拐され、ある僧侶の寵愛を受けていたとの逸話も残っている。

覚如は、本願寺の実質的な創建者である。本願寺の思想的な基盤は親鸞にあるが、本願寺と親鸞を結びつけ、宗教集団としての浄土真宗と親鸞を結びつけたのは覚如だった。彼は、浄土真宗の宗祖としての親鸞像を、「伝絵」を通じて打ち出したのだった。

「法然の正統な弟子・親鸞」、「教えを広めた説法者・親鸞」、そして「如来の化身・親鸞」という三つの「顔」を描き出した「伝絵」を覚如が制作したのは、親鸞が亡くなってから三三年後の永仁三（一二九五）年である。覚如は親鸞の没後に生まれたので、生前の親鸞を知らない。だが、親鸞と親交のあった何人かは存命であっただろう。「伝絵」を制作する少し前の正応三（一二九〇）年に覚如は、父・覚恵《かくえ》（?―一三〇七）とともに親鸞ゆかりの地である関東に赴き、親鸞の門弟たちを訪ね回ったという。[1]生前の親鸞を知る者が彼を如来の化身だと本気で考えていたとは考えにくく、[2]取材を重ねた上で覚如が、親鸞を神秘的な存在として描いたと考えるべきだろう。

如来の化身としての親鸞

覚如の二男にあたる従覚《じゅうかく》（一二九五―一三六〇）は、覚如の生涯を絵巻物（『慕帰絵《ぼきえ》』）にまとめている。それによれば覚如が「伝絵」を制作したのは、親鸞の恩に報い、その徳に感謝するためだったという。覚如の心のうちには、親鸞の生涯を語り、描くことで、残された者たちに親鸞の姿勢や信仰を受け継いでほしいという願いがあったはずである。

「伝絵」を制作する前年、親鸞の三三回忌に際して覚如は、『報恩講式《ほうおんこうしき》』（『報恩講私記』、『式文』とも呼ぶ）を著している。この書のなかで彼は、「伝絵」と同じように親鸞の生涯を語りつつ、「祖師としての親鸞」、すなわち自分たちの信仰集団の祖として親鸞を讃えている。浄土真宗の宗祖親鸞というイメージは、ここから始まっている。

注目したいのは、この書のなかの、「祖《そ》師聖人《ししょうにん》は直也人《ただびと》に匪《ましまさず》、すなわち是権化《これごんけ》の再誕《さいたん》なり。已《すで》に弥陀《みだ》如来《にょらい》の応現《おうげん》と称《しょう》し」[3]という言葉である。ここで覚如は、「祖師」である親鸞聖人は普通の人間ではなく、権化（仏や菩薩が衆生を救うため、この世に仮の姿で現れたもの）の再誕であり、如来が姿を変えて現れたのだと言う。そしてこの書の翌年に完成した「伝絵」でも覚如は、親鸞のことを「弥陀如来の化現」、あるいは「弥陀如来の来現」だと言い切ったのだった。[4]こうした宗祖としての親鸞像を決定づけたのが、康永本《こうえいぼん》と呼ばれる「伝絵」である。

「宗祖親鸞」を決定づけた康永本

じつは、「伝絵」と呼ばれる絵巻は一つではない。「伝絵」は親鸞の没後三三年目に、覚如によって初めて制作されるが、その絵巻は早くに失われてしまったという。しかし、覚如は生涯を通じて「伝絵」の制作に力を注ぎ、彼が生きているうちに制作された「伝絵」のうち、五本が現存している。

そのなかでも、『善信聖人絵《ぜんしんしょうにんえ》』（琳阿《りんあ》本）、『善信聖人親鸞伝絵《ぜんしんしょうにんしんらんでんね》』（高田本）、『本願寺《ほんがんじ》聖人伝絵《しょうにんでんね》』（康永本）の三本は、いずれも覚如が詞書を書いており、覚如が直接制作に関わったことがはっきりしている貴重な絵巻である。この三本のうち、宗祖としての親鸞像を決定づけたのが、康永本と呼ばれる『本願寺聖人伝絵』である。

琳阿本と高田本が作られたのは、覚如が二六歳の時。それに対して康永本は、覚如が七四歳の時の作である。先の二本が作られてから約五〇年もの歳月を経て制作されている。描かれた内容はほぼ同じだが、場面構成は異なる。琳阿本が一四段、高田本が一三段であるのに対し、康永本は一五段である。琳阿本と高田本が縦約三〇センチ程度と、絵巻物としては標準的な大きさであるのに対して、康永本は一〇センチほど大きい四一・八センチ、題には「本願寺」との言葉が入っている。

ではなぜ康永本が、宗祖としての親鸞像を決定づけたのか。その理由は、この絵巻をもとに作成された「御絵伝《ごえでん》」と呼ばれる掛け軸と、『御伝鈔《ごでんしょう》』と呼ばれるテキストにある。「御絵伝」とは、「伝絵」の絵の部分を抜き出して掛け軸形式にしたもので、「伝絵」の詞書を抜き出した文章のほうを『御伝鈔』と呼ぶ。「御絵伝」は、図1－1のような掛幅《かけふく》が基本である。図1－1は、そのうち四幅目で、五つの場面（段）を下から順に見るようになっていて、四枚セットとなった四幅形式が基本である。こうした絵伝が計四幅並ぶところに描かれているのが、康永本の一五段である。つまり康永本は、「御絵伝」の土台をなす絵巻なのである。康永本は、宗祖親鸞のイメージを普及させる上でなくてはならないものであった。

東本願寺（大谷派）あるいは西本願寺（本願寺派）を本山とする全国の末寺《まつじ》では、一年のうちで最も重要な法要（報恩講）に際して四幅の「御絵伝」を本堂に掲げる。この「御絵伝」は、本山（東本願寺／西本願寺）から末寺へと下付《かふ》される（授けられる）ものである。つまり、東西両本願寺に属する約二万近い寺院が、康永本をもとにした、同じ図柄・同じ形式の「御絵伝」を所有している。この「御絵伝」は、内容の構成から各場面の登場人物、描かれた人物たちの姿形に至るまで、ほとんど同じである。それゆえ康永本は「伝絵」の決定版とされ、そこに描かれた親鸞こそが、浄土真宗の宗祖親鸞像を決定づけたと言えるのである。

江戸時代に本願寺は東本願寺と西本願寺に分かれ、康永本を所蔵しているのは現在、東本願寺

図1－1

「御絵伝」はこうした掛幅4枚からなる。『親鸞聖人四幅御絵伝』(響忍寺)。

である。本願寺が東と西に分かれる時、教如《きょうにょ》（一五五八―一六一四）は、本願寺に代々伝わる康永本を持ち出したという。[6]それ以降、康永本は親鸞の肖像（安城《あんじょう》の御影《ごえい》）、茶入れ（形附《かたつき》ノ茶入《ちゃいれ》）とともに三種の神器的な存在として、東本願寺の宝物とされてきた。康永本はそれほど大切な絵巻であり、東西に分かれて以降も、両本願寺では康永本に基づく「御絵伝」が制作されている。

東西に分かれて以降の「御絵伝」は、東本願寺のものか西本願寺のものかで、描かれた松の枝の分かれ具合や人物の大きさ、装飾性の強弱などに違いがあるが、[7]主要な部分はいずれも共通している。その基礎を与えているのが康永本なのである。

「御絵伝」財政ネットワーク

「伝絵」は、覚如の頃から「御絵伝」と『御伝鈔』、すなわち絵と詞書とに分けられ、親鸞の生涯を絵で見て耳で聞くといった営みがなされていたと考えられている。絵巻物よりも掛け軸のほうが一度に見ることのできる人数が増えるため、親鸞の存在とその教えを広く知らしめるのに適している。報恩講で『御伝鈔』を読み上げる儀式は、覚如から数えて五代目、本願寺第八世の蓮《れん》如《にょ》（一四一五―九九）の頃には慣例となっていたとされ、本山から「御絵伝」が授与される「本山下付体制」も、既にこの一五世紀の段階で確立していた。[8]

本山から末寺へと「御絵伝」が授与されるこの体制は、本願寺の経済基盤を支える上でも大きな力となった。というのも、「御絵伝」は誰もが好き勝手に作って飾れるものではなく、「御絵伝」を入手するにはそれ相応の礼金を本山へ納めなくてはならない。「御絵伝」は、全国の末寺が本堂に安置する本尊（阿弥陀如来の像）や影像《えいぞう》（親鸞や聖徳太子などの肖像画）とともに、絵表所《えひょうどころ》と呼ばれる本山直轄の工房で作られてきた。この生産体制が本願寺の収入を支え、本山を頂点とする財政ネットワークを築いてきた。

たとえば、これは近世に入ってからのことだが、ある書店が親鸞に材をとった浄瑠璃と、仮名書きにした『御伝鈔』に墨で描いた「御絵伝」を加えた親鸞の伝記を出したところ、東本願寺はその版木を買い取ってしまった。それだけでなく、刊行を差し止めてほしいと幕府へ訴えた。その理由は、「御絵伝」を末寺が受け取るにはそれ相応の礼金を本山へ納める必要があり、そもそも本願寺には寺領がなく、末寺や門徒の助成で成り立っており、寺領を有する他の宗とは事情が異なるのであって、その点を考慮してほしいというものだった。[9] 東本願寺にとって私家版の「御絵伝」は、宗門の経済的基盤を脅かしかねない危険な存在だったのである。

「御絵伝」には、「伝絵」と同じく、宗祖親鸞が描かれている。これが本山から末寺へ下付されることで、宗祖としての親鸞像は固定され、維持されてきた。しかも、そうした親鸞像の供給源が本山に一元化されることで、教団の財源は確保されてきたのである。[10]

宗教集団が宗祖を讃えて肖像画や像を制作し、そのことを通じて宗祖のイメージを信徒へ広めてきた例はほかにもある。「伝絵」とほぼ同時代の例を挙げれば、鑑真の『東征伝絵巻』、一遍の『一遍聖絵《ひじりえ》』、法然の『本朝祖師伝記絵詞』（『伝法絵流通』）などがそれに当たる。このうち、法然の絵巻には「御絵伝」と同じ掛幅《かけふく》形式のものがあるが、親鸞のように、亡くなってから三〇年ほどの段階で早くも宗祖としてのイメージが確立され、「御絵伝」や『御伝鈔』を通じてその像が繰り返し説かれ、しかも「御絵伝」が本山から下付されることで財政基盤が支えられた例はきわめて稀である。[11]

報恩講と親鸞像

宗祖としての親鸞像を確認する重要な機会となってきたのが、報恩講《ほうおんこう》と呼ばれる法要である。これは親鸞の命日に際して営まれるもので、浄土真宗にとって最も大事な年中行事である。

報恩講では、先述した四幅の「御絵伝」が掲げられるとともに、「伝絵」の詞書を抜き出した『御伝鈔』が読み上げられる。この法要では、蠟燭《ろうそく》の灯火のなかで「伝絵」が運び込まれ、『御伝鈔』拝読の役を担う僧が「伝絵」の詞書(『御伝鈔』)を朗々と読み上げていく。東本願寺で読み上げられるのは一巻から四巻までの康永本の現物で、西本願寺では、康永本をもとにした『御伝鈔』が用いられる。

報恩講と言えば浄土真宗と言えるほど、この法要は浄土真宗を象徴するものであって、東本願寺では毎年一一月二一日から二八日にかけて、西本願寺では毎年一月九日から一六日にかけて営まれる。序章で述べたように、大谷派(東本願寺)と本願寺派(西本願寺)では旧暦か新暦かの違いがあるため、法要の日程にもズレがあるのだが、この期間中には、東西両本願寺それぞれの派に属する門徒が大勢、本山に集結する。地域や寺ごとの団体での参拝も行われ、その盛大さには目を見張らされる。何十台もの観光バスが門前に並び、周辺の宿泊施設は参拝者でいっぱいになる。報恩講は本山の本願寺だけでなく全国の末寺でも営まれ、この法要を家庭で行う地域もある。報恩講は浄土真宗を語る上で欠かせないものであり、その中核に、宗祖としての親鸞がいるのである。

廟堂の管理者・留守職と覚如

先述したように康永本は、琳阿本と高田本を制作した覚如が、その四八年後に作ったものである。この約半世紀の間に、覚如は留守職《るすしき》に就任している。留守職とは、親鸞の遺骨と影像（肖像）を安置した廟堂を管理する職のことで、簡単に言えば親鸞の墓所の管理人である。覚如は、琳阿本と高田本を制作してから一五年後の延慶三（一三一〇）年に、この職に就いた。

もともとこの廟堂は、親鸞が亡くなって一〇年後、文永九（一二七二）年の冬ごろに、親鸞の遺骨が改葬され、遺骨を納めた廟堂が建立されたのが、その始まりとされる。この時、覚如はまだ三歳だった。この廟堂が次第に寺院化することによって、本願寺は発展していくこととなる。この廟堂の土地は、親鸞の末娘の覚信尼、覚如からすれば祖母が寄進したものである。この廟堂の管理は、関東の門弟たちの承認を得て、彼女の子孫が行うことになったという。

土地を寄進するにあたって覚信尼は、たとえ自分の子孫であっても、門弟たちの同意なくこの土地を売却したり、奪ったりすることはできない、門弟たちの心に適《かな》う者にこの墓所を預け、管理を任せるようにしてもらいたいとの書状を残している。[12]ここで言う門弟とは、親鸞が関東に住んでいた頃に、親鸞の教えを受けた者たちである。廟堂を管理する権限は、あくまで彼らが握っており、たとえ覚信尼の孫である覚如であっても好き勝手にはできなかったようだ。

その頃の覚如は、廟堂の管理をめぐって、叔父とのトラブルも抱えていた。唯善《ゆいぜん》（一二六六―一三一七）は、覚如の父・覚恵《かくえ》の弟で、覚如の叔父にあたる。その唯善が、覚如の住む大谷に移り住み、親鸞の廟堂の鍵を突然、奪ってしまった。裁決の結果、覚如が勝訴したものの、唯善は廟堂の石塔を破壊し、親鸞の影像を奪って逃げてしまった。

親族同士のこうした争いを経て覚如は、延慶二（一三〇九）年に、関東の門弟たちに対して「十二ヶ条の懇望状」なる書状を提出し、留守職に就任することを低姿勢で願い出た。この書状には、毎日のお勤めを怠りませんといった約束から、廟堂の管理は門弟たちの意向に従うと定めた覚信尼の書状に背かないこと、留守職に就任しても、何か問題を起こしたときには敷地内から追い出されても異義を唱えないなど、細々とした誓約が記されている。[13]関東の門弟たちの力がよほど大きかったのだろう。そしてこの書状を提出した翌年、覚如は自ら関東へ出向いて門弟たちの了解を得て、ようやく留守職に就任したのであった。[14]

当時は親鸞が亡くなってから五〇年近くが経っており、各地の門弟たちのグループは分立する傾向を見せ始めていた。なかには、親鸞の教えに反するようなことをする者も現れたという。初期の浄土真宗は、そうした門弟たちを統括する仕組みを持っていなかったため、覚如は親鸞の教えの継承者として門弟たちをまとめ上げつつ、親鸞への信仰を本願寺へ集中させる必要があったと考えられている。[15]

加えて、当時の仏教界には、新義真言宗の土台を築いた真言宗の頼瑜《らいゆ》（一二二六―一三〇四）や、精力的に布教活動を行った日蓮宗の日尊《にっそん》（一二六五―一三四五）など優れた僧が登場し、法然の門弟たちも各地で盛んに法然の教えについての著述を行い、布教活動に励んでいた。[16]彼らの勢力が増したり、親鸞と同じく法然を師とする者たちが活躍したりすれば、親鸞の教えを引き継いだ浄土真宗の立場が危うくされかねない。

このため覚如は、親鸞を中心とする「浄土真宗」という集団に門弟たちをまとめ上げながら、親鸞こそが法然の教えを正しく受け継いだ者であることをはっきりさせる必要があったのだろう。「伝絵」を通して宗祖親鸞というイメージを作り上げた覚如にとって、親鸞の教えを継承したのが自分であり、親鸞の遺骨が納められた本願寺こそが正統であると強く押し出すことが喫緊の課題であった。

前面に押し出された「本願寺の親鸞」

最初の「伝絵」の制作から康永本の制作に至る間で覚如がまず強調したのは、本願寺と親鸞の結びつき、すなわち「本願寺の親鸞」という側面だった。留守職に就任した後に著した『執持《しゅうじ》鈔《しょう》』（一三二六年）は、「本願寺聖人仰云」[17]という言葉で始まっている。ここで「本願寺の親鸞」が前面に打ち出されたのである。親鸞には本願寺という寺を建立する気はなかったが、覚如は本願寺と親鸞を結びつけた。門弟たちのさまざまな集団が関東その他の地域に存在していた当時にあって、覚如は「本願寺の親鸞」を強調することで、本願寺が他の門弟たちの集団と違って特別な位置にあることを示したかったのだろう。

　この書の最終節で覚如は、「わたくしにいわく」[18]と、自身の見解を披瀝している。親鸞の言葉を記した後でこの言葉はこういう意味だとして、親鸞の言葉に対する自身の見解をわざわざ述べているのだ。具体的には、親鸞の教えについて、たとえ臨終の際に念仏を唱えることができなくても極楽に往生できることや、すべての衆生を救うという阿弥陀仏の誓い（本願）を信じて念仏することで必ず往生できることが力説されている。ここには、親鸞の教えを受け継いだ者としての覚如の自負が見て取れる。

　その五年後に覚如が執筆した『口伝鈔《くでんしょう》』（一三三一年）でも、親鸞が語った言葉への丁寧な説明が記されていく。たとえば、「凡夫往生の事」では、凡夫が往生することは他の宗では許されていないが、浄土真宗ではそのようなことはないとして、凡夫のための教えこそが浄土真宗なのだと述べられている。『口伝鈔』には、阿弥陀如来が長い年月をかけて行った修行も、その末の誓いも、よくよく考えればただ親鸞一人のためだったという『歎異抄』の言葉も引かれている。ここでも覚如は、『執持鈔』と同じように、「わたくしにいわく」と、自身の見解を述べている。末世を生きるわれらは、親鸞が自らを凡夫としたように、みな凡夫なのだから、同じように往生できると言い切っているのである。そのほか、「凡夫往生」は何を意味するのかとか、阿弥陀如来の誓いは凡夫のためにこそあるなど、親鸞の重要な教えを一つ一つ取り上げながら、覚如は説明を加えていく。

『口伝鈔』では、「本願寺の親鸞」という側面がいっそう強調されている。冒頭には「本願寺親鸞聖人、如信上人に対しましまして、おりおりの御物語の条々[19]」とあり、この書には「本願寺の親鸞」が如信《にょしん》（一二三五―一三〇〇）に語ったことが記されていると宣言されている。ここに登場する如信とは、親鸞の長男の善鸞《ぜんらん》（生没年未詳）の子で、覚如の父、覚恵の従兄弟にあたる。

この書において覚如は、親鸞の教えが如信へと受け継がれたことを述べた上で、「祖師」である「本願寺の親鸞聖人」の法要を勤めた際に、如信から直接教えを受けたことを、近くの者に語って書かせたのがこの書だと述べる[20]。つまり覚如はここで、本願寺の親鸞から如信、そして覚如へと教えが伝えられたと主張しているのだ。

親鸞直系を宣言する覚如

『口伝鈔』の六年後に著した『改邪鈔《がいじゃしょう》』（一三三七年）の奥書《おくがき》で覚如は、法然・親鸞・如信らの名を、それぞれ「黒谷《くろだに》」「本願寺」「大網《おおあみ》」と言い換えている。各人が中心的に活動していたとされる土地の名前である。先述のように、親鸞には本願寺を創建するつもりはなかったが、ここでも覚如は、親鸞と本願寺を結びつけるのである。『口伝鈔』で覚如が、親鸞―如信―覚如という系譜を描いたことと合わせ考えると、「法然―親鸞―如信」という系譜に自らも連なっており、親鸞の教えは覚如自身にも伝わっていることの宣言でもあった。

覚如が『改邪鈔』を著したのは、親鸞の門弟と称して、親鸞の教えとは異なることを主張する門弟たちの誤った考えを糾《ただ》すためであったとされる。『改邪鈔』で覚如は絵系図を用いて、親鸞の教えを継承したと主張する他の集団には正統性がないことを示し[21]、末弟が建てた粗末なお堂を粗末な場所だと吹聴して、「崇敬の聖人の御本廟本願寺」、つまり本願寺へ参詣してはならないと喧伝することは、神仏から見放されたような行いだと痛烈に批判する[22]。親鸞の廟堂がある本願寺にこそ参詣すべきだとする覚如のこの主張には、宗祖親鸞への信仰心を本願寺に集中させようとする意図が見て取れる。

親鸞の血を継ぐ者として

覚如が主張した、親鸞―如信―覚如へという教えの継承には、実は血のつながりもある。

僧侶は女性との性行為が禁じられているのに、なぜ血縁が生じるのかと不思議に感じるかもしれないが、親鸞の教えは、戒律を守って悟りを目指す仏教のそれとは異なる。出家した僧侶が守るべき規則を戒律と言うが、親鸞は、それを守って修行できなくても極楽へ生まれることを説いた。「南無阿弥陀仏」と念仏を称えて極楽へ往生するというのが、親鸞の思想である。念仏を称えること自体も、修行として能動的に行うのではなく、阿弥陀仏のはたらきかけによるとされる。すべての衆生が極楽へ往生できることが、既に阿弥陀仏によって誓われている。修行や戒律を守ることは、極楽へ往生することの必要条件ではないのである。この思想からすれば、僧侶が子どもを持っても、極楽に往生することの妨げにはならない。

このような親鸞の思想を根拠に、浄土真宗の僧侶は妻帯、すなわち結婚することを通例とし、実子が寺を継ぐ世襲制をとる寺院が多い。現在でも東西両本願寺は、親鸞の血を引く者が門首《もんしゅ》（大谷派）／門主（本願寺派）となっており、本願寺は仏教の教えだけでなく、同時に血筋も代々受け継がれてきた。こうした仏教教団は、国内のみならず、海外でもあまり例がない。

本願寺の正統性を示す上で、親鸞の教えのみならず、血のつながりを維持・継承してきたことは、有効な手段となっただろう。覚如が活動していた当時、浄土真宗の門徒集団のなかで特に勢力があったのが、仏光寺だった。京都に進出してきた仏光寺は一大勢力となっており、親鸞の教えの継承と血統の維持は、こうした他の門徒集団よりも優位に立つ上でプラスに作用したと考えられる。親鸞が亡くなってから生まれた覚如にとって、そうした連続性を示すことは、本願寺を守り、発展させるために必要だったのである。

本章を終えるにあたって、覚如が初めの「伝絵」を制作してから康永本を制作するまでに、宗祖親鸞をめぐってどのような主張をしてきたのか、整理しておきたい。

覚如はまず、①親鸞と本願寺の結びつきを示し、②浄土真宗の教えの系譜（法然―親鸞―如信

―覚如）を強調、その後、③浄土真宗の教えの整備に着手したのだった。覚如は永仁三（一二九五）年に初めて「伝絵」を制作したが、その時はまだ留守職に就いておらず、こうした主張もしていない。宗祖としての親鸞像を決定づけた康永本は、先の①〜③を経た後で制作されている。「法然の正統な弟子・親鸞」、「教えを広めた説法者・親鸞」、「如来の化身・親鸞」という像を提示し、「本願寺の親鸞」を強調した覚如は、この親鸞像にどのような修正を加えたのだろうか。次章では「伝絵」を実際に取り上げ、宗祖としての親鸞がどのように描かれたのかを検証していく。

1――「慕帰絵詞」真宗聖教全書編纂所編『真宗聖教全書』第三巻、興教書院、一九四一年。
2――塩谷菊美『語られた親鸞』法藏館、二〇一一年、一〇頁。
3――「報恩講私記」真宗聖典編纂委員会編『真宗聖典』真宗大谷派宗務所出版部［一九七八］二〇一四年、七四二頁。
4――「御伝鈔」前掲『真宗聖典』、七二六頁、七三〇頁。
5――小山正文「解説　真宗絵巻・絵詞の成立と展開」真宗史料刊行会編『大系真宗史料［特別巻］絵巻と絵詞』法藏館、二〇〇六年、二二三頁。なお、現在確認できる史料において、「本願寺」との寺号が最初に確認できるのは、元亨元（一三二一）年の「親鸞聖人門弟等愁申状」である。
6――「真宗故実伝来鈔」柏原祐泉ほか編『真宗史料集成』第九巻、同朋舎、一九七六年、六四七―六四八頁。なお、安城の御影は西本願寺蔵のものもある。
7――吉原忠雄「堺の親鸞聖人絵伝――調査報告と江戸時代本願寺系統本の図様について――」『館報』第七号、一九八八年。
8――「蓮如裏書集」堅田修編『真宗史料集成』第二巻、同朋舎出版、一九七七年。本願寺の絵伝下付の始まりについては、「真宗故実伝来鈔」に、「当時四幅ノ絵伝ハ蓮如上人ノ御時ヨリ初ルト見ヘタリ」（前掲『真宗史料集成』第九巻、六五〇―六五一頁）とある。

9――「浄瑠璃本平太郎板行一件」柏原祐泉ほか編『真宗史料集成』第一〇巻、同朋舎メディアプラン、一九七八年。

10――大桑斉「近世真宗教団の形成―北陸における本末関係を中心として―」『金沢大学法文学部論集』第九号、一九六二年および、圭室文雄『江戸幕府の宗教統制』評論社、一九七一年、二三五―二四〇頁、および青木忠夫「元亀天正期本願寺下付物の礼金に関する一考察」『仏教史学研究』第四四巻一号、二〇〇一年。

11――小山正文「総説　法然上人絵伝」信仰の造形的表現研究員会編『真宗重宝聚英』第六巻、同朋舎メディアプラン、二〇〇六年。

12――「覚信尼大谷敷地寄進状」石田充之・千葉乗隆編『真宗史料集成』第一巻、同朋舎メディアプラン、［一九七四］二〇〇三年、九八五―九八六頁。

13――「覚如懇望状案」前掲『真宗史料集成』第一巻、九九三―九九四頁。

14――覚如は、正和三（一三一四）年に留守職を息子・存覚（一二九〇―一三七三）に譲り渡すが、その後も院政的に実権を握り、本願寺の地位の確立を目指していった。この八年後に存覚との父子関係を義絶した頃からは、彼から留守職を剝奪し、自ら教団運営の指導権を強化し、教義の統制・教化、親鸞を中心とした信仰の形成に重点を置いた展開をしていく。その後、暦応元（一三三八）年に存覚を赦免するが、留守職の地位には依然として自らが就いた（重松明久『覚如』吉川弘文館［一九六四］一九八七年、一五〇―一五一頁）。康永本が制作されたのは、康永元（一三四二）年に覚如が存覚を二度目に義絶した翌年である。

15――佐藤哲英『口伝鈔の研究』百華苑、一九八四年、一三頁。

16――村上速水ほか編『講座親鸞の思想⑧』教育新潮社、一九七八年、一七―一八頁。

17――「執持鈔」前掲『真宗聖典』、六四三頁。

18――「執持鈔」前掲『真宗聖典』、六四六頁。

19――「口伝鈔」前掲『真宗聖典』、六四九頁。

20――「口伝鈔」前掲『真宗聖典』、六七六頁。

21――「改邪鈔」前掲『真宗聖典』、六七八頁。

22――「改邪鈔」前掲『真宗聖典』、六九五頁。

第二章

「宗祖親鸞」の決定版とは？

浄土真宗の宝としての絵巻

宗祖としての親鸞像を決定づけた「伝絵」が、康永本と呼ばれる絵巻であった。この章では、康永本（『本願寺聖人伝絵』）以前に制作された二本の絵巻（琳阿《りんあ》本『善信聖人絵』、高田本『善信聖人親鸞伝絵』）との比較を通して、康永本への展開のなかで起こった親鸞像の変化を解き明かしていく。

琳阿本と高田本は、覚如が最初に制作した「伝絵」と同じ永仁三（一二九五）年に作られている。康永本は、その四八年後に制作された。琳阿本・高田本・康永本の詞書はいずれも覚如によるもので、彼が直接制作に携わっている[1]。どの絵巻でも、親鸞の生涯がほぼ同じ内容で描かれている。

この三本の絵巻が初めて同時に陳列されたのは、大谷大学で開催された学会の場で、親鸞没後七〇〇年目に当たる昭和三六（一九六一）年になってからだった。しかし、当時それらを実際に見ることができたのは、寺院関係者や研究者といったごく一部の人たちに限られていた。三本の絵巻に収められたすべての場面を一冊の図録にカラーで掲載したのは、二〇〇六年刊行の『大系真宗史料［特別巻］絵巻と絵詞』が最初である。これによって、この三本の絵巻にどのようなことが描かれているのかを、比較的容易に見ることができるようになった。

これだけ長い時間がかかった背景には、この絵巻をめぐる固有の事情がある。本願寺が東西に分かれる際に康永本が持ち出されたことは先に触れたが、この絵巻は宗祖親鸞の教えと生涯を描いた、信仰上欠かせない宗派の宝（「宗宝」）である。教如は代々伝わる康永本を持ち出し、康永本はその後、親鸞を描いた安城の御影、茶入とともに東本願寺「第一の宝物」とされ、大切にされてきた。康永本以外の「伝絵」も、それぞれの寺院（派）の宝物として大切に扱われており、「伝絵」は宗祖親鸞を語る根本テキストであると同時に、そこで描かれた親鸞像が、門徒たちをまとめ上げ、信仰を支える役割を果たしてきた。

琳阿本は西本願寺が、高田本は専修寺が、康永本は東本願寺が、それぞれ所蔵している。これらの寺院は、浄土真宗本願寺派、真宗高田派、真宗大谷派と、宗派がそれぞれ異なっている。このように異なる三派が所蔵している大切な宝物を一冊の図録に収めるにあたって、各派から許諾を得るまでにさまざまな困難があったことは想像に難くない。

「如来の化身・親鸞」を強く打ち出した康永本

この三本の「伝絵」（琳阿本・高田本・康永本）の内容は、ほぼ同じだが、異なる点もある。これらの絵巻には共通して「如来の化身」としての親鸞が描かれてはいるが、その中身に違いがあるのである。

初期の親鸞像の一つに「如来の化身・親鸞」があることは前章で述べた。「伝絵」には、親鸞の弟子が夢の中で聖徳太子が親鸞を拝むところを目にしたこと（「蓮位夢想」）、絵師の夢に出てきた善光寺の如来の顔が親鸞と同じ顔であったこと（「入西鑑察《にゅうさいかんざつ》」）、箱根権現が親鸞一行をもてなすようお告げをしたこと（「箱根霊告」）、熊野の神が親鸞を敬ったこと（「熊野霊告」）など、親鸞にまつわる神秘的な出来事が描かれている。

これらの場面のうち、琳阿本と高田本には「蓮位夢想」が含まれておらず、それに加えて高田本には「入西鑑察」も含まれていない。一四段の琳阿本と一三段の高田本に対して、康永本が一五段からなるのは、これら神秘的な場面を描いた段をそろえて収めているからである。「入西鑑察」と「蓮位夢想」の詞書で覚如は、親鸞を如来の化身だとはっきり書いており、康永本では、そうした「如来の化身・親鸞」という側面がより強く打ち出されているのである。

それだけではない。康永本で確立された宗祖親鸞像には当然、他の要素もかかわっている。それが何であるかを、覚如が康永本を制作するに至るまでの経緯から、読み解いていきたい。

前章で整理したように、覚如はこの絵巻の制作に取りかかるまでに親鸞の廟堂を守る地位に就き、その一方で著作において、①親鸞と本願寺の結びつきを示し、②浄土真宗の教えの系譜（法然―親鸞―如信―覚如）を強調、②浄土真宗の教えの整備に着手――という展開を見せたのであった。これらが康永本に影響を与えているのだが、そのことを見るためにまず、康永本と琳阿本、高田本の絵を比較していく。[2]

具体的には、三本の「伝絵」に共通して描かれた「六角夢想《ろつかくむそう》」（①）、「選択付属《せんじやくふぞく》」（②）、「信行両座《しんぎょうりょうざ》」（③）、「稲田興法《いなだこうぼう》」（④）、「洛陽遷化《らくようせんげ》」（⑤）、「廟堂創立《びょうどうそうりつ》」（⑥）の各場面を取り上げる。①

〜③は親鸞の宗教体験と法然との師弟関係を描いた場面で、④〜⑥は親鸞が人々に教えを説き、京都で臨終を迎え、廟堂が建立されるまでを描いている。

覚如の意図はどの程度、反映されていたか

絵巻物である「伝絵」は、先に述べたように詞書と絵からなり、覚如が詞書を書き、その内容に沿って絵師が絵を描いている。このため、覚如の意図がどの絵にどの程度、反映されているのかという問題が出てくる。そこで注目したいのが、図2－1である。これは「慕帰絵《ぼきえ》」に描かれた「伝絵」の制作風景である。この絵巻は覚如の生涯を描いたもので、覚如が亡くなって間もなく、彼の次男・従覚《じゅうかく》が制作したものだ。没後一年も経ずに出来上がっており、覚如についての記憶もまだ鮮明だったはずで、覚如が生きていた当時の状況に近いかたちで描いているとされる貴重な絵巻である。

図2－1の、画面向かって左側を見ていただきたい。ここでは、詞書もしくは関連資料を手にした覚如が、僧形の絵師に対して描き方を指示している様子が描かれている。ここからは、覚如が絵師と綿密なやり取りをしながら「伝絵」の制作に取り組んでいたことが見て取れる。

この絵に描かれているのは、中年から高齢期を迎えた覚如である。琳阿本と高田本が制作されたのは、覚如が二六歳の時（一二九五年）である。その時のことを描いたのであれば、ここには青年の覚如が描かれているはずだ。しかも、この絵巻を制作した従覚が生まれたのは、琳阿本と

図2－1

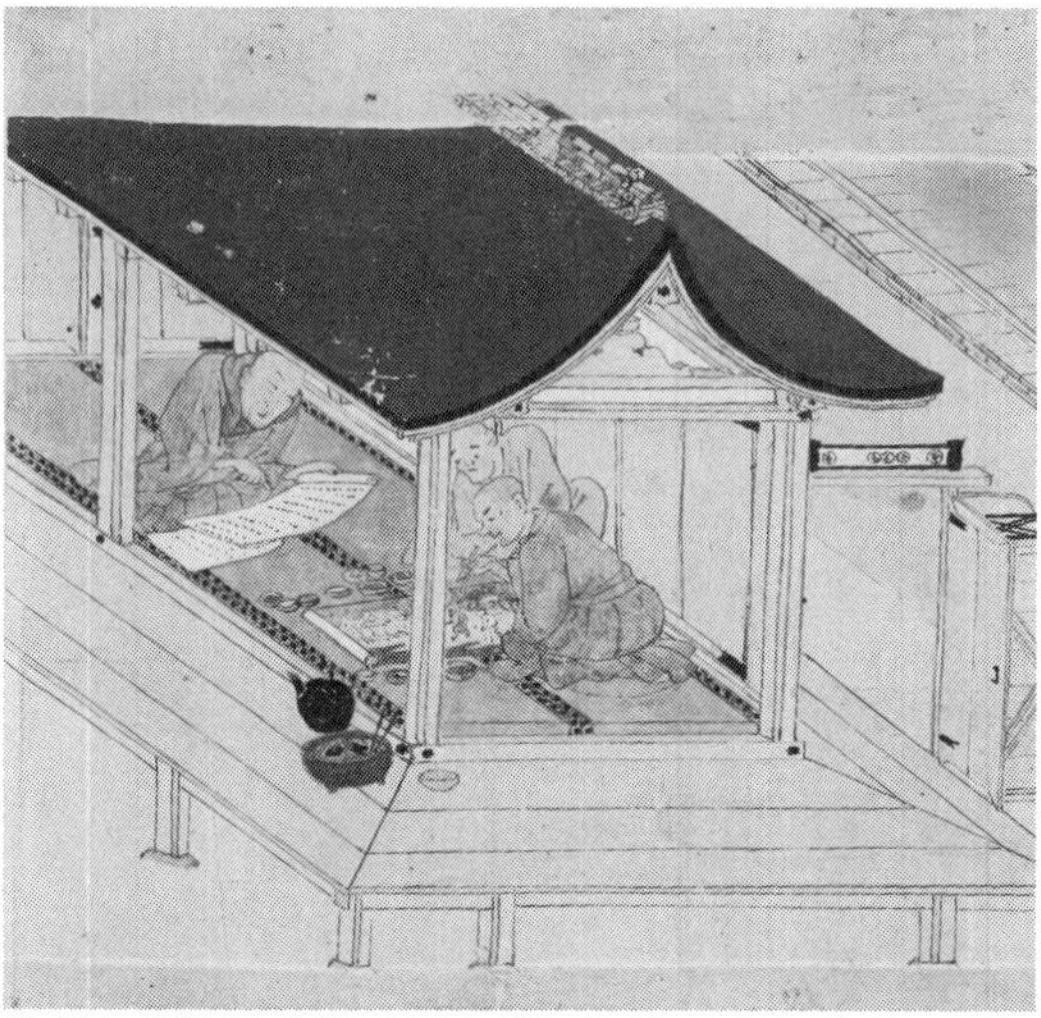

「伝絵」の制作風景。『慕帰絵』第五巻第二段・部分（西本願寺）。

高田本が制作された年である。この二つの伝絵が作られた過程を従覚が覚えているはずはない。したがって、ここに描かれた覚如は、康永本の制作に取りかかっていた時期のものである可能性がかなり高い。

これらのことから、康永本は絵師が自由に絵を描いたのではなく、覚如の意向がかなりの程度、反映されていたと考えられる。それならば、宗祖としての親鸞を決定づけたこの絵巻にはどのような意図が込められているのだろうか。

強調される「法然の弟子・親鸞」

「伝絵」のなかで、法然と親鸞の師弟関係を描いているのが、「選択付属」と呼ばれる場面である。ここでは親鸞が、『選択本願念仏集』（以下『選択集』）を書写する許しを法然から得たことが描かれている。法然が著した『選択集』の書写を認められ、これを書写したところ、阿弥陀仏を讃える言葉と、当時の親鸞の名（綽空《しゃくくう》）を法然が書き入れてくれたばかりか、法然の真影（肖像）を描くことも許され、そこにも法然は「阿弥陀仏」の言葉と阿弥陀仏を讃える言葉、さらには綽空に代わる新しい名を書き記してくれたという。なかなか許されることのない『選択集』の書写を認めてもらっただけでなく、法然の肖像画を描くことも許され、法然が自ら筆を執って名を書いてくれたというエピソードからは、親鸞がいかに法然から特別扱いされていたかが見て取れる。

親鸞自身、そのことを『教行信証』に書き残している。親鸞はそこで、『選択集』には法然の教えの大事な部分と、念仏についての最も肝心な事柄が書いてあると述べる。と同時に彼は、この書物を見ることも書写することも非常に困難であったと言う。当時、法然の門弟は、三八〇人以上はいたという。こうしたなかで法然から『選択集』の書写を特別に許されたことは、親鸞にとって大きな喜びであっただろう。自分の生涯についてほとんど記さなかった親鸞だが、これらの出来事のあった日付まで記しており、彼にとってこの出来事は生涯忘れられないものであったと考えられる。

覚如が書いた詞書には、『教行信証』での親鸞の言葉がそのまま引用されている。親鸞を語る上でこの出来事が重要なものであると、覚如も判断したのだろう。見ることもめったに許されない『選択集』の書写を認められただけでなく、法然の肖像も描き、そこへ法然が阿弥陀仏を讃える言葉や、親鸞の名を書き入れたという出来事は、多くの人に「法然の弟子・親鸞」を印象づけたことだろう。

図2－2

『善信聖人絵』(琳阿本)上巻第四段・部分(西本願寺)。

この場面が、琳阿本でどう描かれたかを見ていこう。図2－2を見ていただきたい。その中央やや右側では、親鸞が描いた真影に法然が言葉と親鸞の名を書き入れる姿が描かれ、向かって左側には、真影とおぼしき巻物と『選択集』を、法然が親鸞に手渡すところが描かれている。右側の縁側には、その様子を見ている二人の僧が描かれており、一人は親鸞を羨むかのように指差している。こうした描写も、門弟たちのなかで親鸞が特別な存在であったことを際立たせている。

一つの画面に二人の法然が描かれるのは絵巻物特有の技法で、専門家のあいだでは異時同図法と呼ばれている。この絵巻を見る者は、向かって右側から左側へと視線を移していくことで、親鸞に対して法然が『選択集』と真影を授けたことを見て取り、法然にとって親鸞が特別な弟

図2－3

『本願寺聖人伝絵』（康永本）第二巻上巻末第五段（東本願寺）。

子であったことが印象づけられる。

康永本では、この「法然の正統な弟子である親鸞」という側面が、さらに強調されている（図2－3）。ここでは法然が親鸞に『選択集』を渡す部屋と、真影に言葉と名を書き入れて親鸞に渡す部屋とが描かれている。二つの部屋のあいだに濡れ縁があることで、二つの部屋でそれぞれ何が起きたのかが際立たせられている。

この場面における詞書の内容は、三つの絵巻とも共通している。だが、いま見たように、画面の構成に大きな違いがある。康永本においてこれほど大幅な構図の変更を絵師が独断で行ったとは考えにくい。ほぼ間違いなく覚如の意図を反映してのことであろう。覚如はここで、法然の教えが親鸞へと引き継がれたこと、親鸞は、法然の門弟のなかでも特別な存在であったことを、以前にもまして強調したかったのではないだろうか。

法然の教えの正しい理解者、親鸞

康永本では、他の場面でも、「法然の弟子・親鸞」という「顔」を強く押し出した表現を見て取ることができる。「信行両座」と呼ばれる場面では、信仰に対する親鸞の考え方が法然と同じであったこと、すなわち、親鸞が法然の教えを正しく理解していたことが強調される。

この場面で描かれるのは、次のようなことである。

門前には、法然を訪ねてきたあらゆる身分の人が溢れ、つねに法然の側にいる僧だけでも三八〇人を超えていた。ところが、教えを本当に守っているのは、そのうちわずか五、六人でしかなかった。そこで親鸞は、門弟たちが法然の教えをどれだけ理解しているか試してみるよう進言し、法然はその提案を受け入れる。

こうして翌日、「南無阿弥陀仏」と念仏を称えることによって往生が決まるのか（行不退）、すべての衆生を往生させると阿弥陀仏が立てた誓い（本願）を信じることで往生が決まるのか（信不退）、どちらが正しいと思うか選ばせたところ、ほとんどの者が迷って、どちらとも決められなかった。そのなかで、聖覚《しょうかく》（一一六七―一二三五）と信空《しんくう》（一一四六―一二二八）、熊谷直実《くまがいなおざね》（一一四一―一二〇七）の三人は、後者の信不退を選ぶ。親鸞も、この三人と同じ立場を選び、親鸞が代表して自分たちの名を書き留めた。しばらくして法然も、親鸞たちと同じ立場を選んだため、迷っていた者たちは落ち込み、後悔の色を隠せなかったという。

図2－4

『善信聖人絵』（琳阿本）上巻第五段・部分（西本願寺）。

先に述べたように、門弟たちが法然の教えを理解できているかどうか試してみることを進言したのは親鸞だが、実はこの場面は、琳阿本と高田本には描かれていない。康永本では、この場面が挿入されることによって、その発案者が親鸞であったことが明示されるのである。

次の場面では、親鸞の提案が実施されたときの模様が描かれる。琳阿本と高田本では、中央奥の畳のところに法然が座り、彼から見て右側には、奥から順に聖覚、信空、親鸞が座っている（図2－4、図2－5）。親鸞は、自分たちの名を記しているのであろう。親鸞と対座して頭に手を乗せているのは熊谷直実で、もともとは源頼朝に仕える武士だったが、出家して法然の門に入った。詞書には、遅れてやって来たとあるので、頭を掻きつつ遅れたことを詫びているのかもしれない。

門弟たちの服装を見てみよう。琳阿本と高田本で

図2－5

『善信聖人親鸞伝絵』（高田本）第二巻上巻第五段・部分（専修寺）。

は、毛皮を身につけた者、首に白い巻物をした者、赤茶色の衣を着た者など、さまざまである（図2－4、図2－5）。法然から見て右側の聖覚は、襟の後ろを三角に立てた特別な衣（僧綱襟《そうごうえり》）を身につけている。その姿勢も、まちまちである。板間に敷かれた畳の上に座ったり、濡れ縁に腰掛けたり、足を崩して座ったり、近くの者と語り合ったりと、統一性がない。[3]しかも、図2－4の琳阿本では、聖覚の背後の部屋で何やら語り合う二人の僧すら描かれている。図2－5の高田本も含め、中心的なテーマが何であるのか、焦点を結びにくい画面構成となっている。

　それに対して康永本での門弟たちは、整然と畳の上に並んで座っている。唯一の例外は、画面右下に描かれた熊谷直実である（図2－6）。遅れてやってきたところが、異時同図法によって表現されている。このような画面構成は、琳阿本、高

図2－6

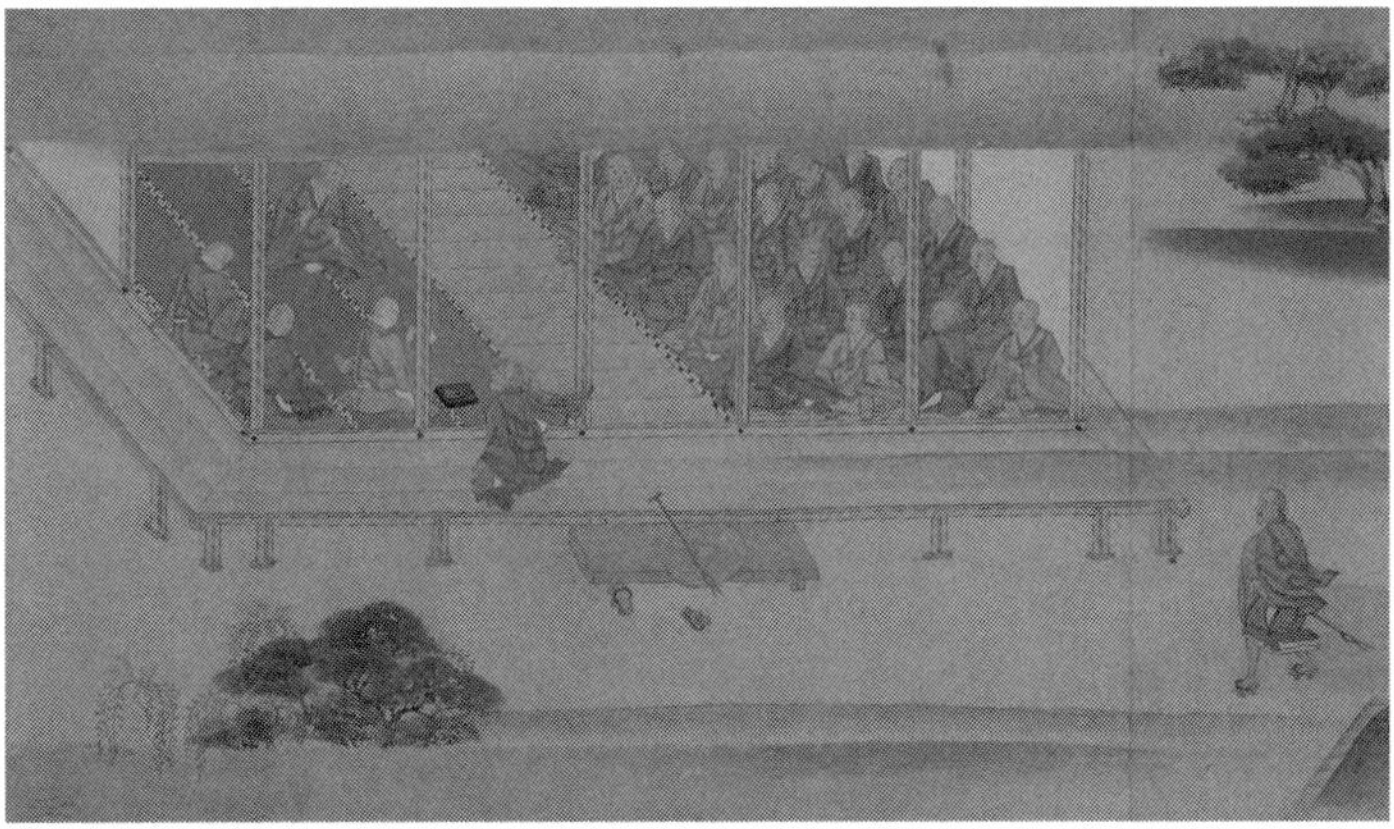

『本願寺聖人伝絵』(康永本)第二巻上巻末第六段・部分(東本願寺)。

田本、いずれとも大きく異なる。ここには足を崩したり、濡れ縁に腰掛けたりする者は一人もいない。畳の部屋の、向かって左側に法然や親鸞たちが描かれることで、法然の教えを正しく理解していなかった門弟たちとの違いが対比されるかたちで強調されている。

ここでは門弟たちの服装も、鈍色《にびいろ》の僧衣で統一されている。図2－4・2－5で、法然から見て向かって右側に座っていた聖覚は僧綱襟をまとっていたが、ここでは他の門弟たちと同じ服装である。このように康永本では、これに先立つ二本の伝絵と異なり画面を大幅にすっきりさせることで、「法然の弟子・親鸞」という側面を強く押し出しているのである。

「六角夢想」で打ち出された「説法者・親鸞」像

これまで見てきたように、「伝絵」を通して覚如は、親鸞が法然の門弟たちのなかで特別な存在であったことだけでなく、浄土真宗という宗教集団こそ、親鸞の教えを受け継いでいることを示そうとしてきたのだった。「伝絵」に収められた、親鸞が六角堂で体験した話には、そのことが端的に表現されている。

それが「六角夢想」と呼ばれる場面で、親鸞が比叡山で修行に励んでいた頃の話である。当時、親鸞は夜になると比叡山を下りて、京都の中心部にある六角堂に通っていたという。親鸞はその頃、修行して僧として出世していくことに疑問を感じていたとも、来世で助かる道を求めていたともされる。なぜ通っていたのか、本当の理由はよく分かっていないが、ある日のこと、例によって六角堂にこもっていると、救世菩薩から次のようなお告げを受ける――。たとえお前（親鸞）が宿報（過去の因縁）のために女犯《にょぼん》をしたとしても、私（救世菩薩）が玉のように美しい女性となって犯され、一生の間おまえをよく荘厳し（飾り讃え）、臨終の際には極楽へ生まれるように引導する、と。この夢告は「女犯偈《にょぼんげ》」と呼ばれ、広く知られている。

この偈を記した親鸞の直筆（専修寺蔵「六角堂夢想偈文」）が残っているため、これは実際に親鸞が経験したことだと考えられる。近代に入ってからは、歴史学者たちによって、親鸞は何に悩んでいたのかが盛んに議論されるようになり、自らの性欲に悩んで六角堂に通っていたとの説も唱えられた。この性欲問題については後の章で改めて論じることとし、ここでは、親鸞が六角堂での夢告を受けたことを通して表現された「説法者・親鸞」という一面を明らかにしていく。

女犯とは、僧侶が戒律を破って、女性と性交渉をもつことを意味する。出家した僧侶たちは、悟りを目指して戒律を守って共同生活をしながら修行に励むが、この戒律のなかには女性との一切の性行為を禁じた規定（「不婬戒」）がある。[4] この戒律を破った場合、原則として僧侶でいることはできず、僧侶たちの共同体（僧伽《さんが》）を追放されるか、僧侶であることをやめる（還俗《げんぞく》する）ことになる。戒律を犯さずに還俗し、再び僧侶となる場合は、戒を受けなおさなければならない。戒律は師から授けられるものであって、授けられて初めてそれを守って修行する道が開ける。つまり、戒を受けることができなければ、僧侶になることもできないのだ。戒律はそう簡単に授けてもらえるものではなく、決められた手順や年齢などの条件を満たすことによって、ようやく授けられるものである。複雑なプロセスを経てようやく受けた戒律を破ったり放棄したりしてしまえば、もはや僧侶として修行ができず、悟りへの道も絶たれてしまう。

仏教徒の場合、出家者（僧や尼）と在家者（出家していない俗人男女）によって守るべき戒律が異なる。出家と在家の大きな違いが、他者との性行為に関する「婬」の扱いである。僧侶や尼が、一切の性交渉を禁じた「不婬戒」を受ける一方で、在家者には、よこしまな性行為を禁じた「不邪婬戒」が適用される。一切の性交渉を許されていないかどうかという「婬」に関する戒の違いが、僧と俗の境界ともなっているのだ。[5] こうしたことを踏まえれば、たとえ女犯（婬）をしても極楽往生は約束されると説く「女犯偈」は、戒律には基づかず、僧侶も俗人も等しく救済されるということを説いていると捉えることができる。

親鸞が六角堂で受けたお告げは、次のように続く――。善信（親鸞）に向かって救世菩薩はこう言う。これは私の誓願である、善信よ、この誓いを一切衆生へ説き聞かせよ、と。そこで親鸞が東の方角へ目をやると、東方の山々に数千万億もの人々が集まっており、どのようなお告げがあったかを親鸞が彼らに説こうとしたところで、この夢は終わっている。

この「六角夢想」の場面で初めて、「説法者・親鸞」のイメージがはっきりと押し出される。この不思議な出来事について覚如は、浄土真宗が盛えていく予兆であり、念仏が広がっていく証しだと詞書で述べている。

三つの絵巻の比較

ここで図2－7の康永本を見ていただきたい。画面ほぼ中央奥には、親鸞が夢告を受けるところが描かれ、右側の縁側に立っているのは、夢告の内容を人々に告げようとする親鸞が描かれている。

琳阿本と高田本の同じ場面と比べると、康永本では、六角堂の境内にはまったく人物が描かれていないのに対し、前者の二つの絵巻では数名の人物が描かれている。ここでも康永本は、主題に照らしてあまり関連性のない要素を省くことで、説法者としての親鸞を際立たせているのである。

親鸞が堂内でお告げを受けるところを、琳阿本がどう描いているのか、比較してみよう。当然のことながら、共通して親鸞が登場するのだが、琳阿本では親鸞のほかに、救世菩薩を拝む僧と男性、そして横たわって眠る女性が描かれ、高田本では、救世菩薩を拝む僧とその傍らで眠る俗人の男性が描かれている。それに対して康永本では、親鸞が一人で救世菩薩を拝んでいる。夢告を受けたのが、ほかならぬ親鸞その人であることが伝わる描写となっているのである。

次に、親鸞が夢告の内容を人々に告げるシーンに目を転じてみよう。図2－7の康永本では画面右側に、縁側に立つ親鸞が描かれていた。その右側には、図2－10で示すように、親鸞が説き聞かせる夢告の内容に群衆が耳を傾けている。

図2－7

『本願寺聖人伝絵』(康永本)第一巻上巻本第三段・部分(東本願寺)。

図2－8

『善信聖人絵』（琳阿本）上巻第三段・部分（西本願寺）。

図2－9

『善信聖人親鸞伝絵』（高田本）第一巻上巻第三段・部分（専修寺）。

同じ場面を琳阿本と高田本がどう描いているかをまず比べてみよう。前者ではこの場面は、僧と俗人の男性たちが親鸞の言葉に耳を傾けている（図2－8）のに対し、高田本では僧と俗人の男女が描かれている（図2－9）。「六角夢想」における親鸞への救世菩薩の夢告は、突き詰めれば、戒律によって禁じられている女犯（婬）をしても、僧侶であれ俗人であれ、極楽往生が約束されると説くものであった。図２－８でも図２－９でも、僧侶と俗人がともに親鸞の説法に耳を傾ける姿が描かれており、僧か俗か、男か女かといった属性を問わず誰もが救済され得ると説く教えが図像化されている。

ただ、康永本と比べると、群衆の描き方がやや雑である。康永本では図２－10のように、僧侶であるか否か、男であるか女であるかがはっきりと分かるよう、僧・尼・俗人男性・俗人女性が丁寧に描き分けられている。それによって、親鸞が受けた夢告の中核部分――すべての衆生を救うという教え――が、よりいっそう際立たせられているのである。

康永本を制作する六年前に著した『改邪鈔』において覚如は、仏が衆生を救うにあたって、比丘《びく》（男性出家者）、比丘尼《びくに》（女性出家者）に対して優婆塞《うばそく》（在家の男性）、優《う》婆夷《ばい》（在家の女性）が劣っているということはないと述べている。[6] ここでは、阿弥陀仏の救いに出家と在家の区別はないとされており、康永本にはこうした浄土真宗の

図2－10

『本願寺聖人伝絵』（康永本）第一巻上巻本第三段・部分（東本願寺）。

救済観が反映されていると考えられる。画面全体の構図からしても、康永本で「六角夢想」を描いた場面で画面中央に配置されたのは、夢告を受ける親鸞ではなく、人々に教えを説く親鸞であった。僧俗男女を導く説教者としての親鸞が強調されているのである。

身分を問わず教えを説く親鸞

六角堂で親鸞が夢告を受けたとき、夢のなかで親鸞は、数千万億の人々に対してお告げの中身を説こうとしたところで、目覚めたという。親鸞が教えを説き広めるというこの夢のなかの出来事がまさに現実となったことが示唆されるのが、「稲田興法」と呼ばれる場面である。

そこで舞台となるのは、京都から遠く離れた関東の地である。念仏が弾圧され、法然一門は死罪あるいは流罪となり、親鸞は越後（現在の新潟県）へ流罪となったが、やがて罪を赦され、親鸞は常陸国（現在の茨城県）に移り住み、人々に教えを伝えた。四〇歳ごろの話である。

その頃の親鸞を描いたのが「稲田興法」であり、詞書には親鸞の言葉として、今こうして自分のもとに大勢の人が集まっている状況が昔の夢とぴったり一致した、との一言が添えられている。「昔の夢」とは、六角堂で救世菩薩から受けた夢告のことであろう。この場面の詞書には、親鸞が世俗から離れてひっそりと暮らしていても、出家した人もそうでない人も、身分の高い人もそうでない人も、親鸞のもとへ溢れるように集まっていたとも語られている。この様子はまさに、六角堂で親鸞が見た、東のほうの山間に数千万億の人々が集まっていた夢と合致している。

図2－11

『本願寺聖人伝絵』(康永本)第三巻下巻本第三段・部分(東本願寺)。

ところが琳阿本と高田本では、同じ「稲田興法」の場面でも、親鸞のもとに集う人の数が非常に少ない。琳阿本の場合、親鸞のいる建物の門の前に二人の僧、俗人の一人の男性が描かれ、それと同じ三人の人物が、異時同図法によって、親鸞の周辺に描かれているだけである。一方、高田本では、親鸞の周囲に三人の僧と俗人男女の計五人が描かれている。詞書には、身分を問わず人が溢れるほど親鸞のもとに集まったとあるのだが、それにしては、この二本の絵の様子はかなり閑散としている。

同じ場面を康永本で見ると、右奥の部屋のなかに親鸞がいて、僧・尼・俗人の男女がそのもとへと続々と集う様子が、全体を見下ろすような視点で描かれている(図2－11)。そこに描かれた人々は男女、身分を問わず、いずれも親鸞へ眼差しを向けており、いかに親鸞が多くの人に慕われていたかが伝わってくる。と同時に、この場面では、あらゆる人に対して親鸞が教えを説いていたことが強調されてもいるのである。

描かれない臨終来迎

このように多くの人々から慕われた親鸞は、最期の時をどのように迎えたのだろうか。第一章で論じたように、親鸞の一代記である「伝絵」には、親鸞の恩に報い、その徳に感謝したいとの思いが込められていたのだった。特に康永本では、親鸞を浄土真宗の祖として讃えることが意図されていただろう。したがって、親鸞の最期をどのように描くかは、覚如にとってきわめて重要なことだったはずである。

親鸞以外にも、法然や一遍（一二三九―八九）など、阿弥陀仏のいる極楽浄土への往生を説く浄土教系の僧侶の絵巻は多く作られている。親鸞に限らず、法然や一遍を中心とした浄土教系の宗教集団は、自らの祖を讃え、その教えを民衆に広めるために宗祖たちの生涯を絵巻にしたのだった。これらの絵巻では、最期を迎えた宗祖を照らす光や、遠くに湧き上がった雲（紫雲《しうん》）、あるいは、その雲に乗って迎えにやってくる阿弥陀仏（臨終来迎《らいごう》）が描かれている。臨終の際に光で照らされたり、紫雲がたなびいたり、素晴らしい音楽が流れたりといったこうした現象があることが、極楽へ往生できた（る）証だと考えられていたため、こうした描写があれば、彼らは往生できたことになる。来世で極楽浄土に生まれることを説く浄土教の教えからすれば、自分たちの宗祖が往生できたかどうかが、その教えの正しさの証拠にもなり、臨終の時の来迎をどう描写するかは、その宗祖の教えの信憑性に関わる重要なことだった。

ところが、親鸞の生涯を描いた「伝絵」には、彼が極楽に往生できたことを示す来迎も、それを示唆する紫雲や光も描かれていない。親鸞は、すべての衆生を極楽へ往生させるとした阿弥陀仏の誓い（本願）を信じようとする気持ちを得た時点で極楽往生は確定しているのだから、阿弥陀仏の来迎を待つ必要はないとの立場に立っていた。覚如が「伝絵」を制作する際に、極楽往生を表す描写を入れなかったのは、そうした親鸞の思想を伝えるためであると同時に、親鸞をそうした思想の持ち主として描こうとしたためだろう。

親鸞の臨終はどう描かれたか

では、「伝絵」において親鸞の臨終は、どのように描かれているだろうか。それは、大勢の人に見守られ、惜しまれながら息を引き取るという、普通の死である。光にも照らされず、紫雲もたなびかず、何も奇跡は起きない。親鸞の臨終に立ち会った娘の覚信尼は、親鸞の最期にそうした奇《き》瑞《ずい》が起こらなかったことを不安に思い、母（親鸞の妻）の恵信尼にお父さんは本当に往生できたのかしらといった内容の手紙を送ったようである。それに対して恵信尼は、親鸞が往生できたことは間違いないと、自信たっぷりの返事をしている。[7] 奇跡が起きなくても阿弥陀仏の本願によって必ず往生できるという親鸞の立場を恵信尼もよく理解していたのである。

では、「伝絵」に描かれた親鸞の臨終の場面を見ていこう。琳阿本では、臨終を迎えたと思わ

図2－12

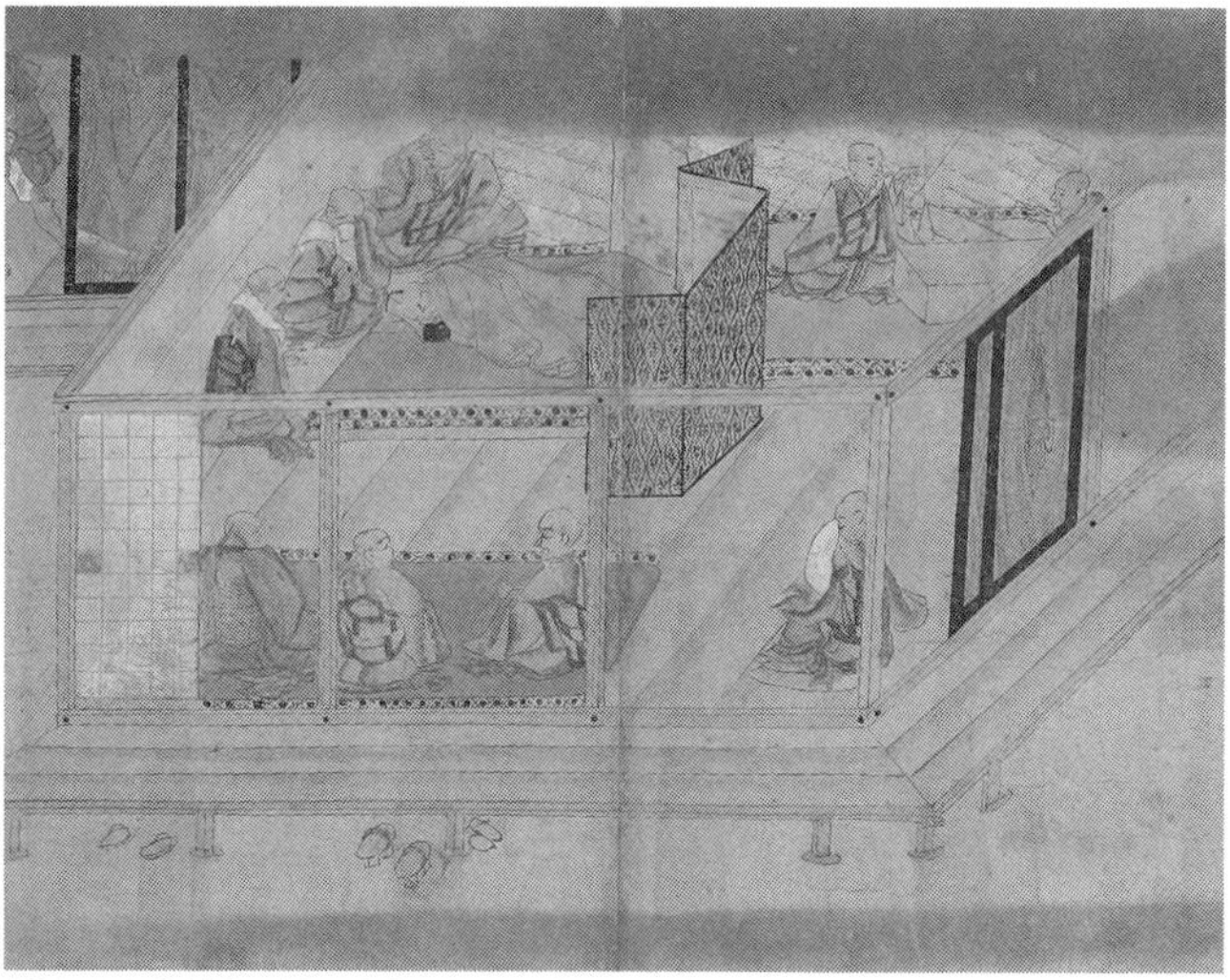

『善信聖人絵』(琳阿本)下巻第六段・部分(西本願寺)。

れる親鸞が横たわり、その周囲に九人の僧が描かれている（図2－12）。そのうち二人の僧は、屛風の右側に置かれた、遺体を入れる棺とおぼしき長方形の箱をはさんで何やら話し合っている。

高田本でも、横たわる親鸞のほか、九人の僧が部屋のなかに描かれている。このうち、画面右奥にいる一人の僧は、部屋の外にいる僧とともに、棺とおぼしき箱を用意している。この二つの絵巻では、親鸞の周囲にいる僧たちの大半が、涙をぬぐうためか顔を袖で覆い、親鸞の死を悲しむ様子が描かれている。

では、康永本ではどうだろうか。画面の右奥では病床に伏した親鸞が体を起こして門弟たちに何かを語っている（図2－13）。火鉢の左奥の、襟巻きをした人

図2－13

『本願寺聖人伝絵』(康永本)第四巻下巻末第六段・部分(東本願寺)。

物が親鸞で、彼の周囲に僧侶と俗人の男性とが描かれ、親鸞に何か教えてもらっているようである。この描写は琳阿本と高田本にはなく、晩年まで親鸞が僧俗を問わず門弟たちに教えを説いていたことを表現しているのだろう。

その左側に描かれるのが、親鸞の最期である。ここでは臨終に立ち会った一四人の人物のほか、縁側にすがりつく俗人の男性二人が描かれている。琳阿本と高田本では、親鸞の臨終に立ち会うのは、屏風の外側にいる僧を入れても九～一〇人であった。それに対して康永本では、僧俗合わせて一六人まで増えており、縁側には女性も描かれている。

ここで参考となるのが、『口伝鈔』に記された覚如の言葉だ。ここで覚如は、阿弥陀仏のはたらきによって往生する他力の真宗では、臨終の際に周囲が悲嘆にくれて、傍らに集まって涙を流したとしても、それによって往生できるかどうかが決まりはしない。だが、そのように悲しまなければ凡夫らしさがなく、阿弥陀仏のはたらきによる往生（他力往生）にそぐわないと嫌われたことだろう。だから、家族や大切な人を看取りたいとの思いを遠慮してはならないし、嘆き悲しむのを諫《いさ》めてもならないと述べている。[8]

覚如は『口伝鈔』のなかで、戒律を守って悟りを目指す僧侶たちは、臨終に際して妻子や親族を近づけると執着が生じるので悪道に堕ちることになると説くのが常だが、浄土真宗にはそうしたものはない、と述べている。

康永本での親鸞の臨終の描写は、こうした覚如の立場を表している。実際、康永本での親鸞の臨終の場面に描かれた女性は、親鸞の末娘の覚信尼であると言われてもいる。先に述べた親鸞の妻とされる恵信尼の手紙には、親鸞の息子の益方入道《ますかた》（生没年未詳）と娘の覚信尼が、親鸞の臨終に立ち会ったことが記されており、[9]「伝絵」で描かれた、親鸞の足下で涙を拭う僧と、縁側で悲しむ女性がその二人だとされる。康永本に描かれたこの二人が、かれらである確たる証拠はないが、康永本において親鸞の死を嘆き悲しむ僧俗、男女が描き加えられたことで、多くの人に親鸞が慕われていたことが表現されていることはたしかである。

このように、僧俗に慕われた親鸞というイメージは、親鸞の遺体を火葬する場面でさらに強調される。琳阿本と高田本では、この場面で描かれる人物はそれほど多くない（図2−14・15）。法然の教えを受け継ぎ、人々へ教えを広めた親鸞の火葬にしては寂しい印象を受ける。それが康永本になると、火葬を見守る人の数が増えて、荼毘にふされる親鸞を取り囲むような画面構成となっている（図２－16）。
この場面についての詞書で覚如は、親鸞の臨終に立ち会った門弟、教えを受けた老若が生前の親鸞を思い、その死を悲しみ、親鸞を恋い慕い、涙を流したと記している。康永本は、この詞書

図2－14

『善信聖人絵』（琳阿本）下巻第六段・部分（西本願寺）。

図2－15

『善信聖人親鸞伝絵』（高田本）第五巻下巻第六段・部分（専修寺）。

により忠実に、親鸞の死を人々が嘆き悲しむ姿を描いている。そのことを通じて、いかに親鸞が大きな存在であったかが示されているのだ。

親鸞の遺骨を納めた廟堂

最後に、この絵巻を締めくくる場面を検討したい。親鸞の生涯を語り、描いてきた「伝絵」の最後の場面には、親鸞の遺骨を納めた廟堂が描かれている。前章で述べたように、本願寺はこの廟堂が移転・拡大していくのに伴って、教勢を拡大していった。この廟堂が、本願寺の発祥でもあるのだ。

そこで注目したいのが、廟堂の周囲に描かれた人物である。琳阿本と高田本では、廟堂の周りに何人かの僧侶が

図2－16

『本願寺聖人伝絵』（康永本）第四下巻末第六段・部分（東本願寺）。

描かれているのに対し、康永本では、箒を持つ一人の僧を描くだけで、廟堂を囲む両脇の回廊には誰も描かれていない（図２－17）。詞書には、親鸞への感謝の気持ちを持って、僧俗・老若を問わず多くの人が毎年この廟堂へ参詣したとある。[10]にもかかわらず、康永本に描かれるのは、箒を手にした僧ただ一人である。なぜ、詞書にあるように、廟堂に集う多くの人々を描き込まなかったのだろうか。

　先に取り上げた「六角夢想」や「稲田興法」、そして親鸞の臨終を描いた「洛陽遷化」でも、康永本では、親鸞という存在の大きさを強調するかのように、画面に登場させる人物の数が増えていた。それで言えば、この最後の場面でも、廟堂に集う多くの僧侶や老若の俗人が描かれてもいいはずである。

図2－17

『本願寺聖人伝絵』(康永本)第四巻下巻末第七段(東本願寺)。

最後の場面に登場する僧の意味

そこで考えたいのが、箒を手にして廟堂の前に立つ僧のことである。従来、この人物は廟堂を管理する留守職である覚如であるとされてきた。[11] この描写は、ほかならぬ留守職である自分がこの廟堂を管理するという宣言として、覚如によって挿入されたとの指摘もある。[12]

第一章で述べたように、覚信尼が寄進した土地に廟堂を建て、その維持・管理を行った者が留守職のはじまりである。この職は、覚信尼の子孫が代々相続するものとされたが、彼女の書状には、たとえ彼女の子孫であっても、門弟たちの同意なくこの土地を処分したり、勝手に自分のものにしたりしてはならないことなどが記されていた。廟堂の土地は門弟たちの共有財産のようなものであり、留守職も彼らの同意を得た上で任命されることになっていた。

前章で述べたように、留守職に就任する際の覚如は、門弟たちから同意を得るのに苦心していた。しかし康永本は、覚如が晴れて留守職となり、最初の「伝絵」制作から五〇年近く後に制作されたものである。康永本の制作に着手した時には、親鸞から直接教えを受けた門徒の多くは亡くなっていただろうから、覚如は門徒に対して、以前よりも強い姿勢で臨むことができたはずだ。だとすれば、廟堂を描いた康永本での最後の場面に登場する一人の僧は、廟堂を守るのは自分であるとの覚如の自負心の表れであると同時に、本願寺こそが親鸞の教えを受け継いでいるということを表現したものと言えるだろう。

「本願寺の親鸞」の確立

このように「伝絵」は、親鸞の火葬と廟堂の創立をもって締めくくられる。『改邪鈔』において覚如は、「某　親鸞閉眼せば、賀茂河にいれて魚にあたうべし」との親鸞の言葉について、「いよいよ喪葬を一大事とすべきにあらず」[13]との解説を加えている。自分が死んだ時は、遺体を賀茂川に流して魚に与えよと親鸞が言っていたことを知っていたからこそ、ここで覚如は葬儀を大事にしてはならないと記したのだ。このことからすれば、多くの人に見守られての親鸞の火葬も、廟堂の建立も、親鸞の意図に反することである。覚如自身も、そのことは十分承知していたはずである。しかし康永本では、多くの人に見守られるなかで親鸞の火葬が行われているし、廟堂も建てられている。

康永本に描かれた親鸞は、親鸞に関する事実というよりも、覚如が僧侶や門弟たちに伝えたいと思う親鸞のイメージであったと言うべきであろう。康永本の正式名は『本願寺聖人伝絵』である。「本願寺の聖人」たる親鸞を描いた絵巻の最後に登場するのは、親鸞ではなく、遺骨を納めた廟堂と、たった一人の僧である。この描写によって、親鸞の遺骨がどこにあるのかが明確になり、親鸞と廟堂、そして覚如との繋がりもはっきりする。廟堂があるのは本願寺であり、ここを守るのが留守職であり、宗祖親鸞は本願寺の親鸞聖人なのだ。康永本を通して、覚如はそのことを言いたかったのではないだろうか。ここにおいて「本願寺の親鸞」が確立したのである。

康永本で完成した「宗祖親鸞」像

親鸞の没後、親鸞はまず、「如来の化身・親鸞」、「法然の弟子・親鸞」「教えを広めた説法者・親鸞」、として語られたのだった。覚如は、そうした親鸞像を提示した後に、親鸞の廟堂を管理する職に就任した。この段階で覚如は、法然から親鸞、そして如信へという教えの系譜を強調し、浄土真宗と本願寺の正統性を示そうとしたのであった。

覚如は康永本で、「如来の化身としての親鸞」、「法然の弟子・親鸞」、「説法者・親鸞」という側面をより強く押し出し、「本願寺の親鸞」という像を確立した。そこで問題となるのが、親鸞から直接教えを受け、覚如とも面識があり、覚如と血筋もつながっている如信の存在である。著作のなかで覚如は、彼を間におくことで、親鸞から自分へ教えが伝わっていることを主張し、浄土真宗内部での正統な立場を示していた。だとすれば、康永本にも如信のことが描かれて当然だと思われるかもしれない。だが、琳阿本や高田本だけでなく康永本でも、如信については何も触れられていない。

ここで、覚如がなぜ「伝絵」を作ったのかを思い出していただきたい。何度か述べたように、「伝絵」は、宗祖である親鸞の恩に報い、その徳に感謝し、残された者たちに親鸞の教えを受け継いでほしいという願いのもとに作られた絵巻である。康永本も、親鸞の生涯を描き、彼を讃えることに第一の目的がある。だとすれば、「伝絵」に如信のことを強調して描くことは、むしろ目的に反することになる。だからこそ覚如は、伝絵ではなく、『口伝鈔』や『改邪鈔』などの著作において、「法然—親鸞—如信」という系譜を強調したのではないか。

「法然の弟子・親鸞」像を確立できれば、法然の弟子筋に対して覚如は、親鸞の系譜を引く自らの立場の正統性を主張できる。「教えを広めた説法者・親鸞」というイメージは、僧俗を問わない浄土真宗の教えを表しており、「如来の化身」である親鸞の人気と存在の大きさを示すことができれば、親鸞の血筋を引き、かつ教えを受け継いでいる覚如の権威を高めることにもなる。康永本の最終段で覚如は、親鸞と廟堂、廟堂と留守職を結びつけているが、それによって、浄土真宗の他の集団に対し、留守職や本願寺の権威を示すこともできる。

覚如は、康永本に先立つ初期の親鸞像をもとにして、宗祖としての親鸞像を創り上げた。如来の化身であり、法然の弟子であり、人々に慕われ、教えを広めた親鸞。こうした偉大な親鸞の教えが、本願寺に引き継がれている——。こうして康永本で確立された親鸞像は、「御絵伝」が広く流布されるのにともない、宗祖親鸞というイメージを強固なものとしていったのである。

1――琳阿本の絵師は不明だが、高田本の絵師は康楽寺浄賀である可能性が高いとされ、康永本の絵師は、上巻が康楽寺円寂、下巻は彼の弟子の宗舜とされる（小山正文「［解説］真宗絵巻・絵詞の成立と展開」真宗史料刊行会編『大系真宗史料［特別巻］絵巻と絵詞』法藏館、二〇〇六年、二二一―二二三頁）。

2――覚如は、琳阿本と高田本から康永本に至る過程でも「伝絵」を制作していたと考えられるが、この期間に制作された絵巻は伝わっておらず、暦応二（一三三九）年にある本を書写したとされる康永本の底本も現存していない。したがって現在のところ、康永本とそれ以前の絵巻との比較は、現存の琳阿本と高田本を通して分析・追究する以外には方法がなく、「伝絵」の比較研究は不確実な点を残さざるをえない。しかしながら、その後、圧倒的に流布したのは康永本系の絵伝であることからすれば、康永本を琳阿本や高田本と比較することには大きな意義がある。

3――若林真人「『親鸞伝絵』信行両座段について」『行信学報』第一五号、二〇〇二年、一三八頁。

4――長井眞琴「戒律の根本：巴・漢・和・対訳　比丘波羅提木叉」国書刊行会、［一九二九］一九七五年。

5――平川彰「波羅夷法の研究」『平川彰著作集』第一四巻、春秋社、一九九三年。

6――「仏《ぶつ》、願力《がんりき》の不思議をもって無善造悪《むぜんぞうあく》の凡夫《ぼんぷ》を摂取不《せっしゅふ》捨《しゃ》したまう時は、道《どう》の二種はいみじく、俗《ぞく》の二種が往生の位《くらい》に不足なるべきにあらず」「改邪鈔」真宗聖典編纂委員会編『真宗聖典』真宗大谷派宗務所出版部［一九七八］二〇一四年、六八四頁。

7――「恵信尼消息」前掲『真宗聖典』六一六頁。

8――悲《ひ》嘆嗚咽《たんおうえつ》し、ひだりみぎに群集《くんじゅ》して恋慕涕泣《れんぼていきゅう》すとも、さらにそれによるべからず。さなからんこそ、凡夫げもなくて、殆《ほとおど》 他力往生《たりきおうじょう》の機《き》には不相応なるかやともきらわれつべけれ。されば、みたからん境界《きょうがい》をも、はばかるべからず、なげきかなしまんをも、いさむべからずと云々。「口伝鈔」前掲『真宗聖典』六七一頁。

9――「恵信尼消息」前掲『真宗聖典』、六一七―六一八頁。

10――「其《そ》の稟教《ほんぎょう》を重くして、彼《か》の報謝を抽《ぬきん》ずる輩《ともがら》、緇素《しそ》・老少《ろうしょう》、面々あゆみを運びて、年々廟堂《びょうどう》に詣《けい》す。」「御伝鈔」前掲『真宗聖典』、七三七頁。

11――平松令三「親鸞聖人伝絵解説」『親鸞聖人伝絵　専修寺蔵・親鸞の親鸞聖人伝絵』法藏館、一九八一年、二二頁。
12——宮崎清「親鸞伝絵について—西本願寺琳阿本を中心として—」『竜谷史壇』第六二号、一九六九年、五八頁。
13——「改邪鈔」前掲『真宗聖典』、六九〇頁。

第三章

「妻帯した僧・親鸞」の誕生

これまで、宗祖としての親鸞像を決定づけた「伝絵」について検討を加えてきたが、実はここには、現代の親鸞像を形作る上で欠かせない、ある要素が抜け落ちている。「妻帯した僧」、あるいは「結婚した僧」としての親鸞である。

親鸞は「妻帯した」とされ、僧としては異例とされるその行為は、彼の人柄や思想をよく表していると受け止められてきた。多くの文学作品で親鸞が主題となってきたのも、僧侶でありながら結婚したとか、夫婦で仲睦まじく暮らしたといったエピソードによるところが大きい。しかし、「伝絵」には、親鸞の結婚や妻に関する描写は一切出てこない。親鸞自身、自分の結婚や妻については何も語っていない。

では、いつから親鸞は、「妻帯した僧」になったのだろうか。それは、近世に入ってからである。この章では、そうした親鸞像が形成される過程を解き明かしていきたい。

「結婚」か「妻帯」か？

親鸞は「妻帯した」[1]と言われてきた。妻帯とは妻を持つことだが、親鸞は「結婚した」とも言われる。「親鸞が公然と妻帯し、在家仏教の祖となったのは決定的に重要なことである」[2]として、妻帯を認める仏教集団の始祖として親鸞を評価する研究者もいる。

そもそも、親鸞の「妻」や「結婚」と言う場合には注意が必要である。なぜなら、近代以降の「妻」や「結婚」とはその意味が大きく異なるからである。歴史学者の平雅行《たいらまさゆき》が指摘するように、[3]

中世には戸籍制度がなかったので、結婚したからといってどこかに届け出る必要はなく、妻にしても特定の一人の女性とは限らない可能性がある。親鸞が生きた時代の妻帯や妻、そして結婚の定義は曖昧である。にもかかわらず、これまでの研究ではこの点に注意を払わないケースが多く、親鸞の妻帯や妻の問題を、一夫一婦制や夫婦同居といった近代的な結婚と同じような意味で捉え、それを前提に議論をしてきた傾向がある。その弊に陥らないよう、ここでは近代的な婚姻関係を想起させる「結婚」ではなく、「妻帯」という言葉を用いて議論を進めていきたい。

僧侶の妻帯と戒律

世界的に見て日本は、僧侶が妻帯する、かなり珍しい国である。僧侶が妻帯するということは、仏教本来の教えとは完全に矛盾している。親鸞が初めて妻帯したのだとすれば、その意味でも親鸞は革新的だったということになる。

僧侶とは一言でいえば、出家して悟りを目指す男性のことを指す。第二章でも触れたように、出家して僧侶になるには、戒律を授けてもらい、それを守って生活しなければならない。戒とは、修行規則を守ろうとする自発的な決心のことで、律とは、出家した僧侶たちの共同体（僧伽）の規則を意味する。律には二五〇もの禁止事項が定められ、具足戒（二五〇戒）と呼ばれている。戒律を受けることを受戒と言い、戒律を守って生活することが、僧侶であることの大前提となる。

戒律のうち、最も重要な禁止事項は婬・盗・殺・妄の四つで、「婬」は異性との一切の性的交渉を意味し、「盗」は物を盗むこと、「殺」は人を殺すこと、「妄」は悟っていないのに悟ったと嘘をつくことを意味する。これらの戒律を犯すことはこの僧伽からの追放罪にあたり、これまで受けてきた戒律も放棄しなければならなくなる。戒律を受けることで初めて僧侶としての修行ができるので、それを捨ててしまえば、僧でいることはできなくなる。それでも悟りを求めたければ、再び出家して僧侶になり、初めから戒を受け直して僧伽に入れてもらわなければならない。

僧侶の妻帯は、戒律のうちの重大な禁止事項の一つである婬戒違反にあたる可能性が高い。自分の子どもが生まれたとなれば、戒律に完全に抵触しており、「破戒」となる。この時点で、僧侶でいることは不可能である。ところが日本では多くの僧侶が妻帯して子どもをもうけており、大半の場合、寺院は世襲となっている。ここに日本仏教のユニークさがある。

なぜ、日本の僧侶は妻帯してよいのか。妻帯してもなぜ僧侶でいられるのか。強いて言うならそれは、明治五（一八七二）年にいわゆる「肉食妻帯勝手令[4]」という法令が発布されて、政府に公認されたからである。仏教の規則である戒律と、こうした法令は次元が異なるため、法的に認められたからといって、僧侶が妻帯をしていい理由にはまったくならない。しかし、日本ではこの法令以降、各宗は議論を重ねて次第に僧侶の妻帯を認める方向へ向かい、現在では僧侶の妻帯も、それによって子どもをもうけることも、寺の世襲も、当たり前の光景となっている。

しかし明治以前の僧侶は、妻帯しないことが前提とされ、表立って世襲制を採る寺はほとんどなかった。なぜなら江戸期の僧侶は妻帯が禁じられており、これを破った者は厳しく罰せられたからである。だが、例外もあった。江戸幕府は、妻帯を慣例（「宗風」）とする浄土真宗（一向宗）に限ってはこれを許可し、規制の対象外にしていた。つまり江戸期において浄土真宗は、宗風を理由に幕府から妻帯を公認された、きわめて稀な宗だったのである。この特異な宗風の根拠とされたのが、宗祖である親鸞の妻帯であった。

親鸞の思想と僧侶の妻帯

親鸞が説いたのは、阿弥陀仏を信じて極楽に往生することである。ここで言う「信じる」とは、自ら能動的に行うものではなく、阿弥陀仏のはたらきかけによって自然と起こってくることとされる。たとえ戒律を守って悟りを目指して修行しなくても、あるいは戒律に違反したとしても、極楽に往生することができる。一切の衆生が極楽に生まれるということが、阿弥陀仏によってすでに誓われている。そこには、出家（僧尼）と在家（俗人）、男性と女性、自力で戒律を守って修行して迷いから離れられる者（善人）と、それができない者（悪人）といった区別は何もない。親鸞のこうした思想は、戒律を守って悟りを目指すという仏教とは原理が異なるため、戒律に違反しても、極楽へ往生することの問題にはならない。

したがって、親鸞の思想に照らせば、浄土真宗の僧侶たちは妻帯してもよいことになる。しかし親鸞は、妻帯について何も語っていない。宗風についても、何も言っていない。宗祖としての親鸞を語る「伝絵」でも、親鸞の妻帯には一切触れていない。ではなぜ親鸞は、「妻帯した僧」

として広く知られるようになったのか。この問題に立ち入る前に、親鸞が活躍した時代の僧侶たちの妻帯と、江戸期の浄土真宗を取り巻く状況について、整理をしておきたい。

日常化していた僧の女犯

まず、親鸞の時代における僧侶の妻帯のあり方だが、先に述べたように僧侶の戒律には不婬戒があり、女性との性的な交わり（女犯《にょぼん》）が禁じられている。律令制下の規則である「僧尼令」でも僧侶の女犯は禁じられ、違反した者は厳しく罰せられていた。しかし、中世から鎌倉期に入ると、出家したはずの法皇が子をもうけたり、実子に寺を相続させたりと、僧が女犯をするケースが増えていった。[5] 僧の女犯が日常化していたことを示す記録も少なくない。[6] 九世紀末までは女犯をした僧侶に厳しい処罰が下された記録が確認できるが、[7] それ以降、「十六世紀末の豊臣秀吉の時代まで、顕密僧の妻帯は野放し」[8] であったと考えられている。

こうなると、親鸞の妻帯も特別なものではなくなってくる。親鸞の妻帯について、当時は「公然と妻帯し、それを認めた僧はいなかった」[9] との見地から、親鸞の妻帯をきわめて革命的な行為[10] だと評価する研究者もいるが、当時にあって妻を持つ僧侶が珍しくなかったのであれば、その「革新性」[11] は疑わしい。とすれば、妻帯する仏教の創始者・親鸞という像も成り立たないだろう。

次に検討しておきたいのは、浄土真宗、浄土宗、日蓮宗などと言う場合の「宗」についてである。江戸期には、各宗の僧侶たちが自分たちの宗と他宗の違いを過剰なほどに意識し、こぞって

「自宗」の独自性を強調するようになった。さまざな「宗」を一律に取り締まることを目的として発布された寛文五（一六六五）年の「諸宗寺院法度」や、諸宗が設けた学問機関（檀林・学林・学寮）の整備をきっかけにして、[12]自分たちの宗とは何かが強く意識され、宗祖たちの教えを説いた書物が本物かどうかの議論や、教義についての研究が盛んになっていったのである。たとえば、それまでさまざまな派が存在していた浄土宗では、檀林での学びを第一とする学僧が近世中期から増え始め、「浄土宗」としての一体感が醸成されるなかで、正統とされること以外を重視する僧たちが周縁へと追いやられたという。[13]この例のように、近世において各宗は、それぞれの独自性を追求し、他宗との差別化を図っていったのである。

江戸時代に入る少し前の時期に、僧侶の妻帯がどう行われていたのかも確認しておくと、豊臣政権時代の文禄三（一五九四）年には、女犯や肉を食べること（肉食《にくじき》）を禁じ、これに違反した僧は追放し、風紀を乱す僧侶がいたなら、寺院の共同責任として処罰する旨を定めた法令が諸寺院に対して出されている。[14]

江戸期に入っても、幕府は各寺院や宗派ごとに異なる法度を出し、女犯や妻帯をした僧侶を還俗（僧侶をやめさせ、俗人に戻させる）や死罪とするなど、厳しく処罰していった。[15]こうしたなか、先に触れた「諸宗寺院法度」は、それまでの法度がそれぞれの寺院を個別に規制していたのとは違い、各宗を一律に統制するために制定されたものであった。[16]その「条々」（「諸宗寺院下知状《げちじょう》」）には、女犯や妻帯に関する規定として、他人はもちろん、親類の者であっても、寺院坊舎に女性を泊めてはならないと定められている。[17] ここで想定されているのは僧侶の女犯や妻帯であるが、幕府は、異性を寺に泊めたり、遊女のいるところへ行ったりと、女犯や妻帯に類似した行為をした僧侶も処罰していたことが、多数の記録から確認できる。[18]

例外だった江戸期の浄土真宗

　ところが、先に述べたように、江戸期を通して浄土真宗の僧侶たちは、妻帯しても処罰されることがなかった。先に挙げた「諸宗寺院法度」（「諸宗寺院下知状」）の但し書きにも、「有来妻帯者可レ為二各別一事」（ただし、元から妻帯している者は除く）[19] と記されており、妻帯を禁止する一方で、既に妻帯している場合は罰則の対象外にすると定められている。これに該当するものこそ、浄土真宗であったと考えられている。[20]

　実際、享保七（一七二二）年に西本願寺に出された幕府の法度には、「宗門ハ子孫相続風儀故」（浄土真宗は子孫に相続するのが慣習であるため）とあり、「宗門之僧侶は、在家にひとしき風儀に候」、つまり、浄土真宗の僧侶は在家と同じように妻帯して子どもを持つのが習慣であると記されている。[21] この法度は、「幕府の趣意にそって本願寺で立案して提出したものを、幕府で検討し、築地本願寺を通じて末寺に伝達するという形で成立した」[22] とされている。とすれば、幕府は西本願寺に対して妻帯の宗風を公認していたと考えていい。

　では浄土真宗は、この妻帯の根拠を、どのように説明していたのだろうか。幕府が浄土真宗の妻帯の宗風について問い合わせた際の記録として、寛政八（一七九六）年に西本願寺が京都所司代へ回答した「浄土真宗開闢《かいびやく》肉食妻帯之儀本願寺勅号之由緒」と題する史料がある。[23]

ここでは、以下のような説明がなされている――。肉食妻帯の習慣は、師である法然上人と親鸞聖人がともに時機にかんがみて、教えを示した上で、祖師親鸞聖人が肉食妻帯をなさり、時の関白兼実公の娘と配偶するにいたった、それは土御門《つちみかど》帝の御時で、建仁三（一二〇三）年であった、勅許という義は伝わっていない、と。ここで親鸞は、関白九条兼実の娘を相手として妻帯したとあり、それが宗風の理由とされている。このとき親鸞は、「妻帯した僧」として語られているのである。

付言すれば、ここで親鸞は肉食と妻帯をして戒律を破ったと語られているが、肉を食べることと妻を持つことは、戒律に照らせば本来、別の問題である。本章では「妻帯した僧」としての親鸞に焦点を絞って考察するため、ここでは親鸞の肉食には触れず、妻帯のみを取り上げる。

親鸞の妻帯を語る伝記

親鸞が九条兼実の娘を娶《めと》り、妻帯したというこのエピソードは、先述したように、親鸞が書き残した文章にも、「伝絵」にも出てこない。鎌倉時代を知る上で重要な史料であり、先ほどの話にも出ていた九条兼実の日記（『玉葉』）にも出てこない。一体この話は、どこから出てきたのだろうか。

結論から言ってしまうとその出所は、『親鸞聖人御因縁』（以下『御因縁』）、『親鸞聖人御因縁秘伝鈔』（以下『秘伝鈔』）、そして『御伝照蒙記《ごでんしょうもうき》』（以下『照蒙記』）という、三つの親鸞の伝記（親鸞伝）である。

親鸞の妻帯を最初に語ったのは、『御因縁』である。この伝記が書かれたのは、「伝絵」より少し前のこと、正応元（一二八八）年頃から永仁三（一二九五）年頃のことと考えられている。[24]作者は分かっておらず、「伝絵」を作った覚如とは別系統の門徒集団の手になるとされる。[25]

ここで語られる親鸞の妻帯は、次のようなものである。

建仁元（一二〇一）年一〇月、月輪法皇という人物が法然のもとを訪れ、出家者（僧侶）の念仏と出家していない者（俗人）の念仏では、極楽へ往生する上で何か違いがあるかと尋ねた。それに対して法然は、違いはないと答えた。

それを聞いて法皇は、両者の念仏に本当に違いがないのなら、法然の弟子のなかで、これまで戒律を破ったことのない僧を一人、俗人に戻させて（妻帯させて）、その証拠を見せてほしいと求めた。そこで法然は親鸞を指名したところ、自分は九歳で慈円の弟子になり、二九歳で法然の門下に入って、三八歳になる今日まで戒律を守ってきたのに、戒を破って俗人になれとは恨めしいと、固辞した。ところが法然は、六角堂で親鸞が救世菩薩から夢告を受けたことを知っており、そのようなお告げを受けたのだから、妻帯して俗人になるようにと促した。そこで親鸞は法皇の御殿へ向かい、法皇の七番目の娘である玉日《たまひ》の宮と夫婦となった。その三日後、親鸞と玉日の二人は車に一緒に乗って法然のもとを訪れたところ、法然は玉日を見て、「仔細ない坊守《ぼうもり》である」[26]と言ったという。これより、念仏の道場のあるじを坊守と呼ぶようになった。

以上のことから分かるように、この伝記では、法然の命によって親鸞は妻帯したのである。『御因縁』には「ソノ夜《ヨ》ヤカテ法皇《ホフワウ》ノ第七《タイシチ》ノヒメミヤ、玉日《タマヒ》ノミヤトマウス御《オン》ムスメトアハセタテマツリ」[27]と書かれている。文中の「アフ」は男女の契りや結婚を意味する。「アハセタ」とあるのは、法皇が親鸞と玉日を「結婚させた」ことを意味する。「カタシケナクヒメミヤヲ平人《へいしん》ノツマトナシマシマス」[28]ともあり、法皇は玉日姫を「平人」、つまり俗人となった親鸞の「ツマ」にしたのである。さらにこの書には「親鸞《シンラン》ハ夫婦《フウフ》同車《トウシヤ》シテ」[29]と書かれており、ここにおいて「妻帯した僧・親鸞」が初めて登場するのである。

『秘伝鈔』と『照蒙記』

親鸞の妻帯を語るもう一つの親鸞伝は、『御因縁』の注釈書として書かれた『秘伝鈔』である。作者不詳のこの書が著されたのは室町時代初期とされるが、刊行されたのは正徳六（一七一六）年で、すでに江戸期に入っている。この伝記は伝わっている数も少なく、江戸後期の写本や板本《はんぽん》しか残っていない[30]。他の文献に現れるのも遅く、「江戸時代中期までほとんど知られていない書物」[31]であったという。

法制史家の石井良助によれば、中世において父母が存命である場合、親の意思とは無関係に婚姻が成立することは考えられず、婚姻に際しては親の同意を得ることが必要であったという。[32]『秘伝鈔』には、父親である「月輪ノ禅定殿下」が、娘を「卑婦人」つまり、身分の低い者としたとあり、父親が関わって玉日の身分を移動させたことが記されている。これは、婚姻に伴って玉日の身分が変わったことを示唆しており、親鸞が妻帯したことを傍証するエピソードといっていいだろう。

『秘伝鈔』は、明治期に親鸞伝を編纂した大谷派の僧侶・佐々《ささ》木月樵《きげつしょう》（一八七五―一九二六）が「我親鸞聖人御出家御妻帯の因縁を最も詳《つまびら》かに記述したるもの也」[33]と述べているように、全体の半分以上の紙幅を割いて、親鸞の妻帯について詳細に記している。ここでも、先述の『御因縁』と同じように、法然の命を受けた親鸞が玉日という女性を妻にしたと語られ、そのことがより詳しく書かれている。

興味深いことに、『秘伝鈔』の写本（延宝四〔一六七六〕年）には、東本願寺の第一二代法主・教如の代に、この書物に拠って書状を幕府へ提出し、「年来の不審を晴らし」たと記されている。[34]それが実際にあったことなのか、そうであるとして、いかなる経緯で提出にいたったのかは不明だが、この書状によって、幕府のそれまでの疑いを晴らし得たとすれば、当時の浄土真宗にとってこの『秘伝鈔』に書かれた内容は、きわめて利用価値が高かったことが想像される。

親鸞の妻帯を語ったものとして注目したいのが、寛文四〔一六六四〕年初版[35]の『照蒙記』である。作者は知空（一六三四―一七一八）という、西本願寺の教学の責任者（能化《のうけ》）を務めた人物である。

知空は『真宗肉食妻帯弁』という書物で、浄土真宗の肉食や妻帯の宗風がいかに正当なものであるかを論じているが、『照蒙記』では親鸞の妻帯について、「ツヰニ殿下第七ノ姫宮、玉日ト申シテ十八歳ニナリ玉ヘルヲ配嫁シ玉ヘリ」、「夫婦同車シテ[36]」などと書き記している。まさに親鸞が妻帯したことを示す記述であり、『御因縁』や『秘伝鈔』のそれと、表現もよく似ている。『御因縁』について知空は作者不詳であり、実録とは言い難いとする一方、親鸞の妻帯にかんするエピソードは、この伝記に書かれたことをほぼ踏襲している。このことから、この時期においては親鸞が妻帯したという語り自体が重要な意味を持っていたと考えられはしないだろうか。

この『照蒙記』は、「本格始動した学林から発せられた初の『御伝鈔』注釈書」として、「明治に至るまで正統的注釈書の地位を保った[37]」とされる書である。この書は、浄土真宗にとって長らく「伝絵」(『御伝鈔』)の正統的な注釈書であり続けたのである。「伝絵」にない親鸞の妻帯というエピソードが、教団が認めるこの正統な注釈書によって付け加えられることで、「妻帯した親鸞」という像は、より明確なかたちをとって、浄土真宗を信仰する集団のなかで広く認知される契機となったことだろう。

浄土真宗の肉食妻帯論

江戸幕府がなぜ、浄土真宗に妻帯を認めたのかは、議論が分かれている。しかし、妻帯をしてもいいという幕府からのお墨付きは、浄土真宗にとって大きな後ろ盾となっただろう。それによって、妻帯という宗風や、それを始めたとされる親鸞の存在が社会的に注目されることになったことは想像に難くない。

たとえば浄土真宗では、江戸期を通して知空のような浄土真宗の学僧たちによって「肉食妻帯」に関する書物が執筆・刊行され続けた。[38] 先に述べたように、肉を食べること（肉食）と、性行為を前提に妻を持つこと（妻帯）は別の行為であるが、どちらも戒律に反するということから、教学を担う一流の僧侶たちによって、浄土真宗はなぜ肉食や妻帯をしてもいいのか、説得的な理由を示すための議論が積み重ねられていった。

妻帯した理由を親鸞自身が語っていれば、浄土真宗の僧侶たちは妻帯の宗風について、これほど多くの議論を重ねる必要はなかったはずである。釈迦が亡くなってから一〇〇〇年が経った末法の時代には、仏教の教えだけが残り、人がいかに修行しても悟りを得ることは到底できず、既に戒はなく、阿弥陀仏にすべてをゆだねるしかないとの立場に立つ親鸞は、「破戒無戒の人、罪業ふかきもの、みな往生すとしるべし」[39]（戒律を守れない人も、戒律を受けていない人も、罪業が深い人もみな極楽へ生まれることができる）と述べている。彼の思想は、戒律を最重視する仏教の教えとは根本的に異なっている。それならば、妻帯してもよいとか、自分も妻帯したとか、何か書き残してくれてもよさそうだが、それについては何も語っていない。

では、「妻帯した僧・親鸞」という「顔」は、どのような経緯で確立したのだろうか。先に挙げた「浄土真宗開闢肉食妻帯之儀本願寺勅号之由緒」では、建仁三（一二〇九）年に法然の命によって親鸞は九条兼実の娘・玉日を妻にしたとあるが、「伝絵」はそれについて何も言及していない。この年の出来事として語られているのは、親鸞が六角堂で救世菩薩から受けた夢告のことである。[40]「妻帯した僧・親鸞」を最初に取り上げた『御因縁』でも、法然が親鸞に妻帯を勧めるにあたり、六角堂で親鸞が夢告を得たことが引き合いに出されていた。

　前章でも紹介したように、「女犯偈」と呼ばれるこの夢告は、たとえ前世の因縁のためにお前（親鸞）が女犯をしたとしても、私（救世菩薩）が美しい女性となってお前に犯されよう、そしてお前の生涯を荘厳し、臨終に際してはお前を極楽へと導こう、というものであった。覚如がどこまで意識していたのか分からないが、この夢告には「女犯」という言葉が含まれており、その意味では妻帯を示唆しているとも言える。

「妻帯した僧・親鸞」の普及

　ならば、「妻帯した僧・親鸞」は、どのように定着していったのだろうか。

『照蒙記』と同じように「伝絵」の注釈書である『善信聖人報恩抄』は、貞享四（一六八七）年に知足軒が作成し、本屋吉兵衛が刊行した仏光寺の勧化《かんげ》本である。勧化とは、教えを人に勧めるという意味で、勧化本はそのためのテキストを指す。

『善信聖人報恩抄』は、仏光寺の「伝絵」（『善信聖人親鸞伝絵』）をもとに、親鸞の生涯と仏光寺の歴史を詳しく述べたものである。琳阿本、高田本、康永本の三本の「伝絵」は、覚如が制作に携わった本願寺系統の絵巻であるのに対して、仏光寺の「伝絵」は、それとは系統が異なる。近年の研究では、この「伝絵」は一七世紀半ばに成立したと考えられているが[41]、「東西両本願寺派から高田派まで、唯一絶対の『御伝鈔』を仰いでいた当時の学僧たちは、突然の異本の登場に衝撃を受けた[42]」とされるほど、この「伝絵」が与えたインパクトは大きかったようである。

『善信聖人報恩抄』でも、親鸞は法然に勧められて兼実の娘・玉日を妻にしたとあり、『御因縁』や『秘伝鈔』と似たような表現で親鸞の妻帯が語られている。だが、仏光寺の「伝絵」には親鸞の妻帯に関する記述はない。こうしたことを踏まえると、「伝絵」に記述がなくとも親鸞の妻帯を記したり、「妻帯した僧・親鸞」像を語ったりするということが、この時期の東本願寺と西本願寺、仏光寺に共通した姿勢であったと言えるだろう。

『善信聖人報恩抄』と同様に、親鸞の生涯とその教えを分かりやすく伝えることを目的に作られたのが、『康楽寺白鳥伝』（以下『白鳥伝』）である。制作者は塩崎康楽寺で、貞享年間（一六八四―八八[43]）に成立している。

浄土真宗では、「伝絵」をもとに掛け軸形式の「御絵伝」が作られ、それが報恩講の際に掲げられることは先の章で触れたが、「御絵伝」を掲げ、先に鳥の羽をつけた棒などで絵を指し示しながらその場面の説明を行う絵解きも行われてきた。絵と言葉で説明し、目で見て耳で聞いてもらうことで、多くの人に親鸞の生涯を分かりやすく伝えるための工夫である。『白鳥伝』には、読み上げながら示すべき絵のところに朱で印がつけられており、絵解きの際に実際に使われていたと考えられる。康楽寺は、文亀二（一五〇二）年ごろに本願寺教団に加わり、多くの親鸞伝の絵解き本を作成し、当時から「絵伝の家」として知られていたという。そのなかで、「康楽寺系の最古の絵解き本」[44]と言われているのが、『白鳥伝』である。

この親鸞伝は『照蒙記』をもとに作られているため、[45]その内容は『照蒙記』とかなり似ている。ここで親鸞は玉日を妻とし、夫婦で車に乗って法然の所へ向かったとされる。民衆を対象とする絵解きの際にこの親鸞伝が用いられたことを考えると、民衆の間で「妻帯した僧・親鸞」が定着する上でも少なからぬ影響を及ぼしたはずである。

後世に影響を与えた『正統伝』と『正明伝』

江戸期には、このような親鸞像の普及において、非常に重要な役割を果たした親鸞伝が登場している。高田派の五天良空《ごてんりようくう》（一六六九―一七三三）によって享保二（一七一七）年に作られた『高田親鸞聖人正統伝』（以下『正統伝』）である。

西本願寺のものでも東本願寺のものでもないこの親鸞伝が、「刊行と同時に爆発的に読まれ、賛否両論の大騒動を巻き起こし」[46]、広く親鸞を知らしめるきっかけとなった。編年体を採用し、親鸞が何歳で、いつの時代に何が起きたのかを記述し、その場所や理由、結果も整理して示されている点に特徴がある。「伝絵」やそれまでの親鸞伝と比べて、はるかに読みやすい構成となっているのである。

では、親鸞の妻帯についてはどうだろうか。『正統伝』には、親鸞が二九歳のときに、法然の勧めで月輪殿下兼実の娘・玉日を妻にしたと記されている。玉日については、如意輪観音《にょいりんかんのん》、すなわち六角堂の本尊が姿を変えて現れた女性であるとし、玉日が九年後に亡くなったこと、範意とは親鸞と玉日の息子であること、後に親鸞は朝姫という女性を妻に迎えて子をもうけたことなど、詳細な記述が続く。この親鸞伝を読めば、親鸞の妻帯や家族について、よく理解できるようになっている。

『正統伝』を制作した良空は、さらに読みやすい親鸞伝もまとめている。享保一八（一七三三）年に刊行された『親鸞聖人正明伝』（以下『正明伝』）である。この親鸞伝は、『正統伝』よりも親鸞の生涯を詳しく記し、そのとき親鸞はどう思ったか、どういう行動をしたかを紹介するなど、聞き手にその内容が伝わるような工夫がなされている。親鸞が若国山の大蛇や筑波山の餓鬼を救う話など、「伝絵」では取り上げられなかった奇譚や伝承も盛り込まれ、民衆の興味を引く内容となっている。親鸞の妻帯については、法然が六角堂の夢告を引き合いに出して、兼実の娘・玉日を妻にするよう親鸞を促したとあり、これまで紹介してきた他の親鸞伝と同じ内容である。だが、『正明伝』では、法然に妻帯を命じられた親鸞が、悲しさのあまり涙を流し、頭を垂れて返事をしなかったなど、詳細な描写がなされている。それまでに出された親鸞伝のなかで、その生涯を最も丁寧に記していると言っていいだろう。

『正統伝』と『正明伝』が後世に与えた影響は大きい。近世の親鸞伝を詳細に検証した塩谷菊美によれば、この二つの親鸞伝が世に出て以降、その影響を受けなかったものはほとんどないという。[47]『正統伝』と『正明伝』は、それまでの親鸞伝を踏襲しつつ、年代と出来事を対応させ、読む者が疑問に思うようなことには丁寧な記述がなされている。こうした工夫によって、ここで描かれた親鸞像は、より多くの人に伝わることとなっただろう。

ここで、親鸞がどのようにして妻帯するにいたったかの語りを整理すると、次のようになるだろう。

月輪殿(月輪法皇/兼実)の願いを聞き入れた法然によって妻帯を勧められた親鸞は当初、固辞したものの、法然は六角堂で親鸞が受けた夢告の内容を知っており、それを持ちだして妻帯を促した。相手は月輪殿の七番目の娘で、名前は玉日。そのとき親鸞は三八歳、または二九歳で、妻の玉日は、六角堂で親鸞が受けた夢告に出てきた救世菩薩、あるいは六角堂の本尊の如意輪観音の化身である——。

「伝絵」には一切出てこない妻帯の話は、「伝絵」における六角堂での夢告のエピソードを盛り込むことでかたちをなし、これが原型となって広がっていったのである。

「妻帯する宗風をはじめた僧・親鸞」の完成

こうして「妻帯した僧・親鸞」が定着していった時期は、僧たちの妻帯が厳しく取り締まられた時期とほぼ重なっている。江戸期以前に親鸞の妻帯を記した『御因縁』や『秘伝鈔』は、写本がきわめて少なく、『秘伝鈔』に至っては、江戸期に入ってから刊行されている。江戸期には親鸞の妻帯をより詳細に語る『正統伝』や『正明伝』も刊行されている。これらの伝記が江戸期に集中して登場した背景には、親鸞の妻帯が正当なものであったことを示す必要性があったからであろう。

それでは、浄土真宗の妻帯を根拠づける「妻帯する宗風をはじめた僧・親鸞」というイメージはどのように形成されたのだろうか。「妻帯した僧・親鸞」が定着したとしても、他宗の僧侶からすれば、やはり妻帯はしてはいけないことである。したがって親鸞の妻帯は、たとえ破戒であろうとなすべき理由、あるいは戒を否定する親鸞の思想をもとに語られなくてはならない。どの親鸞伝でも、親鸞が妻帯したのは、出家の念仏と在家の念仏では違いがないことを証明してほしいという月輪殿下（兼実）の求めに応じてのことだったとする点で共通している。『御因縁』では、出家ができない衆生の救済のために、念仏することで往生できるという証拠として親鸞を妻帯させて俗人にしてほしいという月輪殿下（兼実）の願いが語られており、その後の親鸞伝においても、この話が基本的には踏襲されている。

一方、宗風としての妻帯に関する記述は、早い段階で作られた『御因縁』には見当たらない。それが述べられるようになるのは、『秘伝鈔』以降である。『秘伝鈔』では、「在家修行ノ法頭トナリタマフヘシ」[48]（在家で修行していく先導となれ）、「在家修行ノ先達トナシタテマツリ給ヘリ」[49]

（在家修行の先導者とさせられた）といった文言が現れ、法然がその教えを伝えるために弟子の親鸞に妻帯させたことが語られている。出家しない在家に「修行」という言葉を用いることにやや違和感はあるものの、出家も在家も同じく極楽に往生することを証明するために、親鸞は妻帯することで戒を捨てて在家と同じ立場となったという経緯は、これ以降の親鸞伝で共通して見られる記述である。

『照蒙記』でも、親鸞が六角堂で受けた夢告について、（救世菩薩の姿は）「聖人トトモニ在家修行ノ先達トナリ玉フヘキ標相ナリ[50]」との注釈が加えられており、夢に出てきた救世菩薩の姿は、親鸞が将来、妻帯をして在家となることを予言したものと解釈している。さらに『善信聖人報恩抄』では「偏ニ在家似同ノ宗旨ヲ建《コン》立シ[51]」と書かれ、親鸞が妻帯することで在家と同じ立場の宗旨を打ち立てたと記されている。それとほぼ同時期に成立した『白鳥伝』にも、「ソレヨリコノ在家一同ノ宗旨ヲヒラキ玉ヒテ[52]」とあり、親鸞が妻帯したことで、在家と立場を同じくする宗が始まったとされている。

『正統伝』に至ると、宗風としての妻帯にかんする記述が多くなり、その内容もより詳しくなる。『正統伝』では、六角堂の夢告について、「文ノ意ハ、行者宿報トシテモシ妻帯ノ宗風ヲ弘メハ、吾女身ヲ現シ妻トナリテ是ヲ始ムヘシ[53]」（この文の意味は、お前が前世の因縁のためにもし妻帯の宗風を広めれば、私が女性の身となって現れ、お前の妻となって共にこの宗を始めよう）とあり、この夢告が妻帯の宗風と直接結びつけられ、玉日は救世菩薩の化身とされている。

親鸞が受けた夢告は、妻帯の宗風を広めるよう告げられたものではない。ましてや、救世菩薩が親鸞の妻となって、親鸞と二人で妻帯する宗を始めるというものではない。ところがここでは、夢告は妻帯の宗風と結びつけられ、浄土真宗は天竺震旦《てんじくしんたん》（インドや中国）にも存在しない、肉食妻帯を宗風とする独自の宗派であるとされるのである。

『正明伝』においても親鸞の妻帯は、「在家修行の先達」となるよう法然が命じたことであり、親鸞が六角堂で受けた夢告が引き合いに出されて、その妻帯が語られていく。先述したように、『正統伝』と『正明伝』が与えた影響は大きく、それ以降に刊行された親鸞伝で、この二つの親鸞伝の影響を受けていないものはほとんどない[54]。浄土真宗の妻帯の宗風にかんするエピソードは、この二つの親鸞伝によって完成をみたと言ってもいいだろう。

『正統伝』では、妻帯することになった親鸞はどのように語られているのだろうか。「親鸞《シンラン》チカラオヨハス[55]」、「綽空（親鸞のこと：引用者注）涙ヲ流シ堅ク辞セラル[56]」、「現師《ゲンシ》ノ指授《シジュ》ナレバチカラ及タマハズ[57]」などとあり、固辞したものの、師である法然のすすめを断れず、泣く泣く妻帯したと語られている。つまり、『正統伝』において、妻帯は親鸞の意志でもなければ、妻帯を真宗の宗風とするよう親鸞が推進したわけでもないのである。

兼実の願いを聞き入れた法然が、六角堂での夢告の内容を知っていたために、親鸞はやむなく妻帯に踏み切るが、衆生救済のための妻帯であれば、それは単なる破戒とは区別される。師である法然の命によって仕方なく妻帯したのであれば、その責任は親鸞にはない。親鸞は妻帯し、それが浄土真宗の妻帯の宗風の始まりとなった。江戸期の親鸞伝を通して、このストーリーが多くの人々に受け入れられていったことにより、「妻帯した僧・親鸞」像は完成していったのである。

親鸞の妻は玉日か恵信尼か

以上のことから分かるように、「妻帯した僧・親鸞」の妻は玉日にほかならない。だが、現在知られている親鸞の妻は、恵信尼である。恵信尼こそが親鸞の妻であるという説は、大正一〇（一九二一）年に西本願寺で彼女の手紙が発見されて以降、定着している。

歴史学者の平雅行は、玉日と親鸞との結婚を伝える『御因縁』や『正明伝』の記述には誤りが多く、根拠がないとして、玉日の存在を否定している。[58] 一方、同じく歴史学者の松尾剛次《けんじ》は、玉日は実在したとし、『御因縁』や『正明伝』など本願寺系統以外の親鸞伝と玉日の存在が、恵信尼の血筋を継ぐ本願寺によって不当に評価されていると反論している。[59] しかし、親鸞の妻が玉日姫なのか恵信尼なのか、あるいはどの親鸞伝に史実が残されているとするのかといった問題と、「妻帯した僧・親鸞」の話は切り離して論じるべき事柄だろう。親鸞と恵信尼の夫婦像にしても、それがどのようなプロセスを経て形成されてきたのか、今後きちんと検証されなければならない。

親鸞の妻帯は、親鸞が書き残した文章にも、「伝絵」にも出てこない。玉日にしても実在したのか分からない。だから、玉日について語る親鸞伝の内容は史実ではなく、信憑性に欠けるかもしれない。こうして「事実」の探究を進めれば進めるほど、親鸞という存在は遠ざかっていく。

親鸞が貴族の娘である玉日を妻にしたという語りには、そのように語られる何らかの背景があり、そのような人物として親鸞を語ろうとする人々の思いがあったはずだ。
本書が目指すのは、初めに親鸞像がどのように形成され、現代にいたるまで、それがどう変化していったかを跡づけることである。次章では、近現代の親鸞像を形成する上で重要な役割をはたした『歎異抄』に注目しながら、現代を生きるわれわれが知る親鸞像が形作られていく過程に少しずつ接近していきたい。

1――赤松俊秀『親鸞』吉川弘文館、一九六一年。
2――松尾剛次『親鸞再考――僧にあらず、俗にあらず』日本放送出版協会、二〇一〇年、一七九頁。
3――平雅行『歴史のなかに見る親鸞』法藏館、二〇一一年、五八頁。
4――明治五（一八七二）年四月二五日、「自今僧侶肉食妻帯蓄髪等可為勝手事」との太政官布告（第一三三号）が出された。
5――喜田貞吉「肉食妻帯宗の研究」『歴史地理』四七巻一号、一九二六年、平、前掲『歴史のなかに見る親鸞』、五八頁、Pham Thi Thu Giang『日本仏教における肉食妻帯問題について――その実態の歴史的変化と思想的特徴』（奈良女子大学大学院人間文化研究科博士論文、二〇〇七年、一一―一四頁）。
6――石田瑞麿『女犯――聖の性』筑摩書房、一九九五年。
7――弘仁三（八一二）年に良勝という僧は女性と同車しただけで流罪となり（『日本後記』弘仁三年八月八日条）、弘仁一四（八二三）年には、興福寺の中源、元興寺の永継らが女犯により流罪となっている（「類聚国史巻八七」黒田勝美・国史大系編修会編『国史大系』第五巻、吉川弘文館、一九六五年、五三四頁）。また、寛平八（八九六）年には、皇太后高子が東光寺の僧と密通して妊娠したため后位を廃され、僧は流罪となっている（「扶桑略記第二二」黒田勝美・国史大系編修会編『国史大系』第一二巻、吉川弘文館、一九六五年、一六三―一六四頁）。

8――平、前掲書『歴史のなかに見る親鸞』、五六頁。

9――松尾、前掲『親鸞再考――僧にあらず、俗にあらず』、一八〇頁。

10――松尾、前掲『親鸞再考――僧にあらず、俗にあらず』、一〇三頁。

11――松尾、前掲『親鸞再考――僧にあらず、俗にあらず』、一八〇、一七九頁。

12――引野亨輔『近世宗教世界における普遍と特殊――真宗信仰を素材として』法藏館、二〇〇七年。

13――西村玲『近世仏教思想の独創――僧侶普寂の思想と実践』トランスビュー、二〇〇八年、二六二―二八五頁。

14――辻善之助『日本仏教史』第七巻、岩波書店、一九六〇年、三二六、三三〇―三三一頁。

15――Phamの研究で論じられているように（前掲『日本仏教における肉食妻帯問題について――その実態の歴史的変化と思想的特徴』）、江戸幕府が寺院を対象に初めて出した法度は、慶長六（一六〇一）年の真言宗・高野山に対するもので、その後、各寺・宗派にそれぞれ異なる法度が出されていく。その間、日蓮宗と真宗に対してだけは法度が出されていない。圭室文雄（『日本人の行動と思想　16　江戸幕府の宗教統制』評論社、一九七一年、二〇頁）は、その理由として、民衆の支持する日蓮宗と浄土真宗に対して幕府が慎重であった点を挙げる。また真宗については、徳川家康が岡崎時代に一揆によって苦しめられ、真宗の実態を知っていたため、早急に法度を出すことができなかったと推定している。この指摘のように、これら二つの宗派は民衆の間に広く浸透しており、その動向が政治勢力を左右するものであったため、江戸初期においては両宗に対して確固たる対策ができなかったとするのは、千葉乗隆（「近世篇　第一章　政治と仏教」圭室諦成監修『日本仏教史　近世・近代篇』法藏館、一九六七年、四五―四六頁）も同様である。

16――千葉乗隆「近世篇　第一章　政治と仏教」圭室諦成監修『日本仏教史』第3、法藏館、一九六七年、四六頁。

17――文部省宗教局編『江戸時代宗教法令集』第一六輯、原書房、一九七七年、一〇一頁。

18――Richard M. Jaffe 2001. "*Neither Monk nor Layman: clerical marriage in Modern Japanese Buddhism*Princeton university press,New Jersey 一二三―一二五頁。

19――文部省宗教局編、前掲『江戸時代宗教法令集　第十六輯』、一〇一頁。

20――平田厚志「学僧著述の真宗倫理書」真宗史料刊行会編『大系真宗史料　文書記録編　15　近世倫理書』法藏館、二〇一〇年、四二九頁。

21――本願寺史料研究所編『本願寺史』第二巻、浄土真宗本願寺派宗務所、一九六八年、一七九―一八〇頁。

22――本願寺史料研究所編、前掲、『本願寺史』第二巻、一八一頁。
23――千葉乗隆『真宗教団の組織と制度』同朋舎、一九七八年、四七〇頁。
24――塩谷「解題」真宗史料刊行会編『大系真宗史料　伝記編1　親鸞伝』法藏館、二〇一一年、四五一頁。本書は、第一話「親鸞因縁」、第二話「真仏因縁」、第三話「源海因縁」の三因縁より成り、「親鸞因縁」と「真仏因縁」が正応元（一二八八）年ごろから永仁三（一二九五）年以前の制作、「源海因縁」はそれから約半世紀後に成立したと考えられている。（詳細は、塩谷「『真仏因縁』の生成」『同朋大学仏教文化研究所紀要』第二五号、二〇〇五年および「詠歌と女犯――真宗における神話的言説の意義について」『同朋大学仏教文化研究所紀要』第二六号、二〇〇六年）。
25――宮崎圓遵『初期真宗の研究』永田文昌堂、一九七一年、三八一頁。
26――「坊守」は伝統的に男性住職の妻の呼び名である。しかし現在では一部の宗派でこの規定が改められ、本願寺派では二〇〇四年に、大谷派では二〇〇六年に女性住職の配偶者や家族も坊守と称することが可能となった。
27――底本、毫摂寺蔵写本「親鸞聖人御因縁」真宗史料刊行会編『大系真宗史料　伝記編1　親鸞伝』法藏館、二〇一一年、五頁。
28――「親鸞聖人御因縁」前掲『大系真宗史料　伝記編1　親鸞伝』、五頁。
29――「親鸞聖人御因縁」前掲『大系真宗史料　伝紀編1　親鸞伝』、五頁。
30――塩谷菊美「解題」真宗史料刊行会編『大系真宗史料　伝記編1　親鸞伝』法藏館、二〇一一年、四七〇頁。江戸時代に「秘伝鈔」の名で定着。作者不詳で覚如に仮託されて成立したと考えられている。この本の写本は江戸後期の二本のみで、それ以外に正徳六（一七一六）年の板本があり、外題は「存覚上人秘伝鈔」、内題は「親鸞聖人御因縁秘伝鈔」とある。
31――塩谷菊美『語られた親鸞』法藏館、二〇一一年、一〇六頁。
32――石井良助『日本婚姻法史』創文社、一九七七年、三頁、一〇頁。
33――佐々木月樵編『親鸞傳叢書』無我山房、一九一〇年、三頁。
34――奥書には「右此伝記大切者也。慎不可有他見也。年来晴不審慶喜余身。教如上人御代、家康将軍尋之時、以是書上畢。」（真宗史料刊行会編『大系真宗史料　伝記編1　親鸞伝』法藏館、二〇一一年、六七頁）とあり、教如の代に、本書に依った書状を家康に提出したことが記されている。

35――一六六四（寛文四）年初版、一六七一（寛文一一）年に第二版、一六七七（延宝五）年に第三版が刊行される。塩谷「解題」真宗史料刊行会編『大系真宗史料　伝記編2　御伝鈔注釈』法藏館、二〇〇八年、四三八頁。によれば、第三版は本文を忠実に覆刻して訂正を加え、頭注を付加しているという。なお、本稿における引用は第三版を使用している。引用部分が初版と相違ないことは、塩谷の研究（前掲「解題」『大系真宗史料　伝記編2　御伝鈔注釈』四三九―四四一頁）によって確認した。

36――底本、大東坊所蔵板本「御伝照蒙記」真宗史料刊行会編、前掲『大系真宗史料　伝記編2　御伝鈔注釈』一二五頁。

37――塩谷「すべての人が救われるために―真宗における絵画・語り・文字―」真宗史料刊行会編『大系真宗史料　伝記編1　親鸞伝』、法藏館、二〇一一年、五二三頁。

38――石川力山「近世仏教における肉食妻帯論」大隅和雄編『中世の仏教と社会』、吉川弘文館、二〇〇〇年、一八五頁。

39――「尊号真像銘文」真宗聖典編纂委員会編、『真宗聖典』真宗大谷派宗務所出版部、［一九七八］二〇一四年、五三〇頁。

40――第二章の注で記したように、康永本のこの段の詞書には、「建仁三年辛酉四月五日寅時」（「御伝鈔」前掲『真宗聖典』、七二五頁）とあるが、建仁三年の干支は癸亥である。琳阿本が「癸亥」および「建仁第一乃暦」と正しく記しているのに対し、高田本や康永本およびその他諸本はすべて干支と暦を誤って記入している。

41――渡辺信和「佛光寺蔵『善信聖人親鸞伝絵』をめぐって」『佛光寺の歴史と文化』編集委員会編『佛光寺の歴史と文化』法藏館、二〇一一年。

42――塩谷、前掲「解題」『大系真宗史料　伝紀編1　親鸞伝』」、四八七頁。

43――塩谷「解題　康楽寺白鳥伝」真宗史料刊行会編『大系真宗史料　伝記編3　近世親鸞伝』、法藏館、二〇〇七年、四五九頁。

44――塩谷、前掲『語られた親鸞』、一八六頁。

45――塩谷、前掲『語られた親鸞』、一八八頁。

46――塩谷、前掲『語られた親鸞』二三四頁。

47――塩谷、前掲『語られた親鸞』、二五五頁。

48――底本、本證寺松林文庫蔵写本「親鸞聖人御因縁秘伝鈔」前掲『大系真宗史料　伝記編1　親鸞伝』、六二頁。
49――「親鸞聖人御因縁秘伝鈔」前掲『大系真宗史料　伝記編1　親鸞伝』、六四頁。
50――「御伝照蒙記」前掲『大系真宗史料　伝記編2　御伝鈔注釈』、一二四頁。
51――「善信聖人報恩抄」前掲『大系真宗史料　伝記編1　親鸞伝』、一二八頁。
52――「康楽寺白鳥伝」前掲『大系真宗史料　伝記編3　近世親鸞伝』、一六頁。
53――「高田親鸞聖人正統伝」前掲『大系真宗史料　伝記編1　親鸞伝』、一七四頁。
54――塩谷、前掲『語られた親鸞』、二五一頁。
55――「親鸞聖人御因縁」前掲『大系真宗史料　伝記編1　親鸞伝』、五頁。
56――「高田親鸞聖人正統伝」前掲『大系真宗史料　伝記編1　親鸞伝』、一七八頁。
57――「親鸞聖人正明伝」前掲『大系真宗史料　伝記編1　親鸞伝』、三三七頁。
58――平、前掲『歴史のなかに見る親鸞』、一〇五―一〇九頁。
59――松尾（前掲『親鸞再考――僧にあらず俗にあらず』一六三頁）は、玉日姫の存在が否定されている点および、一夫一婦制の下で恵信尼が「坊守」（真宗寺院住職の妻）のモデルとされ、教団内には恵信尼以外の妻の存在を認めたくない傾向があったと指摘する。また松尾は、高田派の作成した『正統伝』や『正明伝』など、本願寺系以外の親鸞伝を重視する立場をとる。その他、佐々木正（『親鸞・封印された三つの真実――黙殺されてきた『親鸞聖人正明伝』を読み解く』洋泉社、二〇〇九年）も、『正明伝』の記述には信憑性があると主張している。

第四章

「『歎異抄』の親鸞」と「私の親鸞」

「伝絵」によって確立された宗祖としての親鸞の「顔」とは、「如来の化身」、「法然の正統な弟子・親鸞」、「説法者・親鸞」、そして「本願寺の親鸞」というものであった。近世の伝記を通して、「妻帯した僧・親鸞」がそこに加わった。ここまでくると、私たちが思い描く親鸞イメージにだいぶ近づいてきたのではないだろうか。しかし、『歎異抄』という、現代において親鸞を語る上で欠かせない要素がまだ抜け落ちている。明治になって、『歎異抄』をめぐる新たな読解が盛んになり、そこから、「『歎異抄』の親鸞」という「顔」が生み出されていった。

その過程で重要な役割を果たしたのが、暁烏敏《あけがらすはや》の『歎異鈔講話』（一九一一年）と倉田百三《くらたひゃくぞう》の『出家とその弟子』（一九一七年）である。以下、この二冊がどのような背景のもとで書かれ、どう受容されていったのかを中心に見ていく。それによって、明治期以降、どのような親鸞像が新たに形作られたのかを浮かび上がらせる。

「伝絵」の親鸞と「『歎異抄』の親鸞」

『歎異抄』は、親鸞の弟子の唯円（?―一二八八）によってまとめられた。[1]親鸞が書いたものではない。しかし、ここに記された親鸞の言葉は、新たな親鸞像が形成されるに際し、大きな影響を及ぼしてきた。

民衆とともに歩む親鸞像を強調した小説家の野間宏が親鸞に言及する際にも『歎異抄』が取り上げられ、思想家の吉本隆明の『最後の親鸞』（一九七六年）でも、『歎異抄』における親鸞の言葉が中心的に論じられていた。親鸞を取り上げて、人間の愛欲をめぐる小説を書いた丹羽文雄（一九〇四―二〇〇五）も、『歎異抄』にこだわった一人である。

　こうした名だたる文学者や思想家が、『歎異抄』を通じて親鸞と向き合い、触発され、主題化していくことを、日本思想史研究者の子安宣邦は「親鸞問題」と呼び、彼らの親鸞受容を『歎異抄の近代』（二〇一四年）としてまとめている。もちろん、親鸞の思想を理解するには、『歎異抄』だけでなく『教行信証』も読まなくてはならない。だが、『歎異抄』が多くの知識人や作家を惹きつけてきたのは事実である。一般読者にとっても、難解な『教行信証』よりも、親鸞の言葉と思想が端的にまとめられた『歎異抄』のほうが、はるかに読みやすく親しみやすい。

『歎異抄』のなかで最もよく知られている親鸞の言葉は、第三節の「善人なおもて往生をとぐ、いわんや悪人をや」[2]（善人ですら往生するのだから、悪人であればなおさらである）だろう。これはいわゆる「悪人正機」の思想を端的に表した言葉として、頻繁に言及されてきた。このほか、「親鸞は弟子一人ももたずそうろう」[3]（阿弥陀仏の前では皆が同じ一人の人間であり、親鸞は弟子というものを一人も持たない）、「いずれの行もおよびがたき身なれば、とても地獄は一定すみかぞかし」[4]（どんな修行をしてもとうてい極楽へ生まれることができない身であるから、いずれにせよ地獄は私が堕ちるべき住まいなのです）、「弥陀の五劫思惟の願をよくよく案ずれば、ひとえに親鸞一人がためなりけり」[5]（弥陀如来が長い間熟慮を重ねて立てられた誓いをよくよく考えてみると、それはひとえに親鸞一人を救うためであったのだ）なども、親鸞を語る際によく引き合いに出される言葉である。

『歎異抄』が書かれたのは、「伝絵」が成立するより少し前の時期、親鸞が亡くなってから二〇年ほど経った頃である。覚如が書いた文章には『歎異抄』の文言がいくつか引用されており、覚如は確実に『歎異抄』を読んでいた。実際、覚如が作った「伝絵」には、『歎異抄』のエピソードが出てくる。それは、念仏の理解の仕方をめぐって、親鸞が法然の弟子たちと議論をしたというもので、最終的には親鸞が法然と同じ立場だったことが示される。そこでは、「法然の正統な弟子である親鸞」が前面に押し出されているのである。

しかし「伝絵」では、『歎異抄』における親鸞の言葉は引用されず、「悪人正機」を語る親鸞は出てこない。弟子を持たないと宣言する親鸞も、弥陀の誓いは親鸞一人のためのものだったと言い切る親鸞も、地獄は自分のすみかだと述べる親鸞も出てこない。『歎異抄』では、たとえ法然に騙されて地獄に堕ちても構わないといった「法然の弟子・親鸞」は描かれるものの、「如来の化身」「本願寺の親鸞」「説法者・親鸞」といった側面はほとんど描かれず、「伝絵」の親鸞と、『歎異抄』における親鸞像とでは明らかな違いがある。

先述したように、『歎異抄』は明治期以降の親鸞像に大きな影響を与えている。この親鸞像は、『歎異抄』の言葉や『歎異抄』の解釈によって生み出されたものである。この親鸞を、ここでは「『歎異抄』の親鸞」と呼ぶことにしよう。この、新しい親鸞像がどのように形成されたのかを、以下、詳しく見ていく。

新しい『歎異抄』読解の誕生

「『歎異抄』の親鸞」像を決定づけたのが、当時二六歳の青年、倉田百三が書いた『出家とその弟子』である。岩波書店から大正六（一九一七）年に刊行されたこの戯曲は、大正期を代表する大ベストセラーとなった。フランス語にも訳され、小説家で思想家のロマン・ロラン（一八六六―一九四四）に絶賛された。

『出家とその弟子』のモチーフとなったのが『歎異抄』だと言われている。実際、新潮文庫の内容紹介には、「『歎異抄』の教えを戯曲化した宗教文学」と書かれている[6]。この書は、親鸞と『歎異抄』を広く世に知らしめた作品として名高く、当時の青年たちの必読書とされた『三太郎の日記』（一九一四年）を著した阿部次郎（一八八三―一九五九）も、『出家とその弟子』の書評で、『歎異抄』の言葉が巧みに生かされていると高く評価している[7]。「『歎異抄』の親鸞」というイメージの大部分は『出家とその弟子』にその源泉があると言ってよく、「『歎異抄』の親鸞」像が形作られる上で、この作品が果たした役割はそれほど大きい。

そもそも『歎異抄』は、近代に入って大きな転機を迎えている。明治以降になって、『歎異抄』はそれまでとは異なる角度で読まれるようになり、新しい『歎異抄』解釈が誕生したのである。この「『歎異抄』の近代的再生」[8]にとって重要な役割を果たしたのが、暁烏敏の『歎異鈔講話』である。当時、暁烏は大谷派の僧侶で、まだ三〇代前半の青年であった。

『歎異鈔講話』は、暁烏が『歎異抄』に独自の解釈を施したもので、『出家とその弟子』と関係が深いとされている。[9]であるなら、暁烏が『歎異抄』で示した読解は、『出家とその弟子』にどのような影響を与えたのだろうか。そして両者の親鸞像にはどのような異同があったのだろうか。これらの検証から、「『歎異抄』の親鸞」がどのように形成されていったのかを明らかにしていく。

『出家とその弟子』の影響力

『出家とその弟子』は、大正五（一九一六）年一一月から翌年六月にかけて、同人雑誌『生命の川』[6]に第四幕第一場までが連載され、翌年、岩波書店から単行本として刊行された。その直後から絶大な人気を得、長らく岩波書店の「ドル箱」として売れ続けた。手元にある大正一一（一九二二）年の版で、すでに一八〇版を超えている。同時代の出版物と比べても驚異的な数である。

大正一一年に東京市社会局が行った「職業婦人に関する調査」でも『出家とその弟子』は愛読書の第一位に選ばれている。[10]昭和一八（一九四三）年に行われた旧制第一高等学校の調査でも、倉田の『愛と認識との出発』（一九二二年）、阿部次郎の『倫理学の根本問題』（一九一六年）と並ぶ学生たちの愛読書となっている。[11]ちなみに、映画『日本のいちばん長い日』（岡本喜八、一九六七年）には、青年将校のポケットに『出家とその弟子』が入っている場面がある。それほど『出家とその弟子』は、青年の必読の書としての印象が強かったのだろう。

この戯曲を契機に、浄土真宗という教団の枠組みとは別のところで、親鸞や浄土真宗の思想が語られ、さまざまな親鸞像が生み出されていった。この作品によって、それまで親鸞や浄土真宗に馴染みのなかった人々までもが、親鸞という存在を知り、その思想に触れる機会が用意されたのである。この作品は舞台化されて各地で上演され、これが、後に触れる大正期親鸞ブームのきっかけともなった。

大正から昭和にかけて愛読され、戦後になるまで「学生、知識人の親鸞像は本書の影響下にあったといって過言ではない[12]」とすら言われたこの戯曲は、浄土真宗の内側にとどまらず、親鸞のことを広く世に知らしめた記念碑的な作品なのである。

『出家とその弟子』と浩々洞の『歎異鈔講話』

『出家とその弟子』は、『歎異抄』に書かれていることを、そのまま戯曲にしたものではない。しかし、第一幕に登場する猟師・左衛門の苦悩や、悪人とは何かをめぐる親鸞と左衛門の問答、唯円と親鸞といった登場人物など、『歎異抄』を連想させる描写が目につく。倉田は、この作品の執筆前後にいくつかの論考やエッセイを書いており、それらは『出家とその弟子』と同じく学生たちによく読まれた『愛と認識との出発』に収録されている。このうち、「愛の二つの機能」（一九一五年冬）、「善くなろうとする祈り」（一九一六年一〇月一日）、「他人に働きかける心持の根拠について」（一九一六年一一月）には、『歎異抄』の言葉が多用されている。

時期は不詳だが、倉田は叔母宛の書簡にも、「（大須賀：引用者注）秀道氏の嘆《ママ》異鈔真髄は幾度も熟読致しました」と書き記している。大正三（一九一四）年四月には、「此の頃は宗教的なものばかり読む、叔母さんが嘆異《ママ》抄を貸して下さツた」と手紙に記し、当時の倉田が『歎異抄』を読み込んでいたことが分かる。[13] さらに倉田は、『出家とその弟子』を書く前年の大正四（一九一五）年一二月に、「浩々洞の嘆異《ママ》鈔講話を私に貸してくれ」[14] と手紙で妹に依頼している。これらのことから、『出家とその弟子』の執筆に取り組んでいた頃の彼が、『歎異抄』とその関連書を読んでいたことは間違いない。では、倉田が妹に所望した「浩々洞の嘆異鈔講話」とは、どのような書物であったのだろうか。

浩々洞《こうこうどう》とは、明治期に活躍した真宗大谷派の僧侶・清沢満之《きよざわまんし》（一八六三―一九〇三）を中心とした私塾である。東京大学哲学科を卒業した清沢は、井上円了（一八五八―一九一九）が設立した哲学館（現在の東洋大学）でも講師を務め、『宗教哲学骸骨』（一八九二）、『他力門哲学骸骨試稿』[15]（一八九五）などで独自の宗教論を展開した哲学者として知られる。それだけでなく、東京に移転した真宗大学（現在の大谷大学）の初代学監（学長）に就任し、宗門の運営体制の改革を図った。

東京時代の清沢は、本郷の東大近くに居を構え、弟子たちとともに生活をしていた。これが浩々洞である。その清沢の弟子で、浩々洞の三羽烏と呼ばれたのが、暁烏敏、多田鼎《ただかなえ》（一八七五―一九三七）、佐々木月樵の三人であった。多田と佐々木は暁烏の二つ年上で、多田は後に真宗大学教授、佐々木は大谷大学学長、暁烏は大谷派宗務総長となった。三人とも、近代の大谷派にとって大きな役割を果たした人物である。

倉田が「浩々洞の嘆異鈔講話」を妹に所望したとき、浩々洞から出版されていた『歎異鈔講話』には三種類があった。一つは南条文雄（一八四九―一九二七）のもの（明治四〇（一九〇七）年刊）、二冊目は多田鼎によるもの（明治四三（一九一〇）年刊）、三冊目は暁烏敏のもの（明治四四（一九一一）年刊）で、いずれもタイトルは『歎異鈔講話』である。

倉田がそのどれを読みたかったのか、実際に手に入れることができたのかは分からない。しかし、子安は「『出家とその弟子』の構想を触発したものとして『歎異抄』があったとすれば、その『歎異抄』とは暁烏によって語り出された『歎異抄講話』であった」と断言している。[16] 暁烏の『歎異鈔講話』は、明治四四年の親鸞六五〇回御遠忌法要を記念して刊行され、大々的に宣伝されているため、大正四年の段階で倉田が所望したのは暁烏の『歎異鈔講話』である可能性が高い。

暁烏敏の『歎異鈔講話』

浄土真宗の思想や教学の歴史を専門とする井上善幸によれば、明治期以降に顕著になったのが、自己が抱える苦悩を親鸞へと投影し、自己の確立を求める態度である。そうした姿勢は、清沢を中心とする浩々洞の同人たちによって『歎異抄』が新たに読み解かれることによって、いっそう明確になっていったという。[17]

『歎異抄』は、蓮如によって「禁書」にされ、近代になってそれを「解禁」したのが清沢だと言われてきた。蓮如は『歎異抄』の奥書に、この聖教はとても大事なものだから、仏縁のない者や教えを理解していない者にみだりに見せてはならないと記した。[18]それを明治になって清沢が、自分が最も大事にしている書物の一つとして紹介して以降、注目を集めるようになっていった。近代になって清沢が『歎異抄』を「解禁」したという「歎異抄清沢解禁説」には異論もあるが、[19]明治期になって、従来とは異なる『歎異抄』の読解を示したテキストとして、必ずといっていいほど真っ先に挙げられるのは、清沢の弟子の暁烏による『歎異鈔講話』である。

　暁烏の『歎異鈔講話』は、明治四四（一九一一）年に刊行された。この書は、明治三六（一九〇三）年一月から明治四四年一月にかけて、浩々洞が刊行していた雑誌『精神界』に五五回にわたって「歎異鈔を読む」の題で連載されたものがもとになっている。真宗史研究者の福島栄寿《えいじゅ》は、この書が「近代への『歎異抄』復権と、近代への親鸞の再生とを果たし得た書」[20]として高く評価されていると指摘する。たとえば、作家の松永伍一はこの書を「『歎異抄』を甦えらせた名著」であり、「本願他力の大慈悲に誰しもがあずかりうる確信を人びとに伝えた、その開示の書」[21]と讃えている。『歎異抄』の普及に関しては、暁烏らとほぼ同時期に本郷の求道会館《きゅうどうかいかん》で布教活動を行った近角常観《ちかずみじょうかん》（一八七〇―一九四一）の影響も大きいが、「『歎異抄』の親鸞」というイメージを形づくった書物としてはやはり、暁烏の『歎異鈔講話』が決定的に重要である。

自己省察と罪悪の自覚から読む『歎異抄』

『出家とその弟子』には、悪人をめぐる問答が繰り返し登場する。そこでまず、暁烏がこの「悪人」をめぐって、『歎異抄』をどう解釈していたのかを見てみよう。

『歎異抄』で最も有名な文章の一つは、第三節の「善人なおもて往生をとぐ、いわんや悪人をや」だろう。この節のうち、「煩悩具足のわれらは、いずれの行にても、生死をはなるることあるべからざるをあわれみたまいて、願をおこしたまう本意、悪人成仏のためなれば」[22]（煩悩にまみれた私たちは、どんな修行をしても生死の迷いを離れることができないのを阿弥陀仏があわれに思われて願を起こされた本意こそ、悪人を往生させるためのものであるから）の、「煩悩具足のわれらは」について暁烏は、次のように論じている。

私共はこれを自己の信仰の経験にあてはめて味はうてみねばなりませぬ。／私は邪推の多い者であります、煩悶の多い者であります、儜弱な者であります、怯劣な者であります、驕慢な者であります、卑屈な者であります、罪悪の荊棘を前に抱き苦悩の重荷を後に負うて生死巌頭によろめいてをるのは私であります。生死の問題に迷惑して泣いてをるのは私であります。[23]

「私」の個人的反省ばかりが書かれているため、一読しただけでは、これが『歎異抄』についての解釈だとは思えないかもしれない。この個所について、近世の注釈書では、「悪人成仏」という言葉が経典のどこに出ているのか、それはどのような意味なのかを解説するというのが通例であった。暁烏が『歎異鈔講話』をまとめる際に参照した香月院深励《こうがついんじんれい》（一七四九―一八一七）の『歎異鈔講義』が、まさにそうなのである。深励は、東本願寺の学問機関（学寮）の最高責任者である「講師」を務めた人物である。ところが暁烏は深励のような読み方をせず、『歎異抄』に触発されながら、自分の弱さや苦しみ、傲慢さをさらけ出していく。彼は『歎異抄』から親鸞の苦悩を読み込み、それを自分の問題として受けとめていくのである。暁烏にとって親鸞とは、「悶え悶え、苦しみ苦しみて安心を求め[24]」たが、「念仏に絶対の力を認め、これに身も心もうち任せて安住し（中略）自分は何にも知らぬもの、わからぬものであるとの立脚地にた[25]」った先人なのである。

暁烏は、「『歎異鈔』は真面目に自己省察をし、厳格に自己を判断し、自己の罪悪に泣く人でなければ解せられないのである[26]」と述べている。彼にとって『歎異抄』における親鸞の言葉は、深い内省のもとで読むべきものであって、自分の罪悪を自覚して泣くようでないと理解できないものとされる。そこからさらに彼は、自らを「罪人である。悪人である。愚人である[27]」と自分のあり方を省察し、自分の苦しみや体験に照らして『歎異抄』を読み込んでいった。

暁烏の前年に『歎異鈔講話』を刊行した多田も、同じような姿勢で『歎異抄』を読み込んでいた。彼は暁烏と同じように、「煩悩具足のわれらは」で始まる親鸞の言葉と出会い、「心の鈍い、恩知らずの私も、我知らず此御旨の余りの尊さに感泣せずにはをられなかつた」と述べ、胸の裡を打ち明けている。多田はこの一節を、親鸞が「御自分と同じく罪に泣き、迷に苦んでをる私共沢山の衆生を認めさせられた」[28]ものと捉え、親鸞とは自分たちと同じように泣いてくれ、苦しんでいる自分たちに目を向けてくれる人だと言う。『歎異抄』第三節について多田は、「私共いかに驕慢な者であつても、現実の我自身を、此まゝに考へて見る時は、いかにしても、愚痴罪悪無能の身であることを認めない訳には参りませぬ」[29]と述べ、自分の驕慢さを打ち明け、愚かで罪深く、能力のない身であることを告白していく。

暁烏と多田の二人に共通しているのは、『歎異抄』の言葉に触発されて自分たちの罪深さ、罪悪を深く自覚し、自らの苦悩を親鸞に投影して語り出していく姿勢である。[30]暁烏の『歎異抄』読解が『出家とその弟子』に強い影響を与えていると指摘する子安は、「親鸞が現在にいたるまで近代日本でくりかえして〈文学的〉主題になることの始まりは、暁烏の〈告白〉的で〈懺悔〉的な『歎異抄講話』にあるといって間違いはない」[31]と断言するが、多田も同じような読み方をしていたのである。

自己内省と罪悪の自覚。それが近代的とされる『歎異抄』読解の一つ目の特徴である。そして、二つ目の特徴としては、他力を重視していることを挙げることができる。たとえば、『歎異抄』について暁烏は、「たゞ偏へに絶対他力の妙用に托するの外ない。これが『歎異鈔』の根本思想である」[32]と述べている。阿弥陀仏の力に身を任せる他力をより強調した絶対他力が、『歎異抄』を貫いているという。多田の場合は、「絶対他力の信仰に進み入る第一の門は、現実の自己を省察することである」[33]として、絶対他力の信仰は、今ここにある自分の現実を省察することから始まると論じている。彼らにとって絶対的な他力に至るには、自らの悪を徹底的に省みることが不可欠であり、『歎異抄』を読む際にもこの態度が必要とされるのである。

暁烏や多田は、『歎異抄』を自らの体験と照らし合わせて、深く内省しながら読み、自らの悪を受け止め、絶対他力の姿勢を重視した。これが明治における『歎異抄』の新しい読み方だった。では、こうした読解を通じて、いかなる親鸞像が形作られたのだろうか。

二つの「人間親鸞」

暁烏は、「『歎異鈔』に書いてある事が、たとひ歴史上の親鸞聖人の意見でないにしたところが、そんなことはどうでもよい」[34]と断言している。『歎異抄』における言葉が、歴史上に実在した親鸞のものでなくても構わない、という衝撃的な発言である。ならば、いかなる親鸞であればいいのか。暁烏は続けて、「もし歴史上の親鸞聖人が、『歎異抄』のやうな意見を持たなかつた人であるとすれば、私はそんな親鸞聖人には御縁がないのである。何等の関係もないのである」[35]と言う。

暁烏にとっての親鸞とは、「伝絵」に描かれた親鸞でもなければ、実在の親鸞でもなく、あくまで『歎異抄』の言葉を発し、『歎異抄』を通して浮かび上がってくる親鸞なのである。だからこそ彼は、「私の渇仰する親鸞聖人はこの『歎異鈔』の人格化したる人でなければならぬ[36]」と言い切る。「『歎異抄』の親鸞」の起源を、ここに見て取ることができるだろう。ここには親鸞への尊敬の念がある。だが、ここでの親鸞は、法然の正統な弟子であることが強調されることもなければ、如来の化身でもない。説法者としての親鸞でもなければ、本願寺の気高い親鸞聖人でもない。あくまでそれは、自分たちと同じように悩み苦しんで泣く「人間親鸞」であった。

こうした親鸞像が生み出された背景として無視できないのが、同時代の歴史学の新しい動きである。暁烏の『歎異鈔講話』のもととなった連載が始まった明治三六（一九〇三）年に先立ち、史学の世界では、史実における親鸞への関心が高まりつつあった。近代的な実証主義に基づく研究が進められ、村田勤《つとむ》の『史的批評親鸞真伝』（一八九六年）を皮切りに、「如来の化身」として親鸞を讃えてきた「伝絵」やその他の伝記の記述に対する批判的な検証がなされた。それによって、歴史上を生きた生身の人間としての親鸞の姿があらわにされていったのである。もう一つの人間親鸞の誕生である。

この流れのなかで、「事実」としての親鸞の人生が浮き彫りにされていき、「伝絵」や伝記といった「物語」で語られてきた親鸞の神秘的要素が取り除かれていった。たとえば、長沼賢海の「親鸞聖人の研究」は、近代のアカデミック史学として初めて親鸞の伝記を検証したものだが、この論文は、暁烏の連載「歎異鈔を読む」とほぼ同時期の明治四〇（一九〇七）年から一〇回にわたって『史学雑誌』に掲載されている。暁烏が「歴史上の親鸞聖人」にこだわらず、自らの体験に引き寄せて『歎異抄』を読み、暁烏にとっての親鸞を語り出したことと、史学の世界において、実在した生身の親鸞への探究が進められたことは、いずれも人間親鸞への接近という点において共通していたのである。

「愚かな親鸞」という語り

暁烏によって語られた親鸞像の中身について、さらに検証していこう。

暁烏は『歎異抄』第二節の「親鸞におきては、ただ念仏して、弥陀にたすけられまいらすべしと、よき人のおおせをかぶりて、信ずるほかに別の子細なきなり。念仏は、まことに浄土にうまるるたねにてやはんべらん、また、地獄におつべき業にてやはんべるらん、総じてもって存知せざるなり」[37]（親鸞においては、「ただ念仏を称えて阿弥陀仏に救われなさい」という師の教えを受けて、信じるほかには特別なことはないのである。念仏が本当に浄土に生まれる原因であるのだろうか、または地獄に堕ちるような行為なのだろうか。そうしたことはすべて私の知るところではないのである）を読み解いて、親鸞は「既に念仏に絶対の力を認め、これに身も心もうち任せて安住した」[38]と述べている。その上で、親鸞のこの言葉は、「愚禿《ぐとく》主義無智主義を発表せられた言葉」[39]だとしている。

「愚禿主義無智主義」とは何か。暁烏にとって親鸞は、「自分は何にも知らぬもの、わからぬものであるとの立脚地にた[40]」った人物であった。そのように愚かで無知であることを自ら宣言したのが、暁烏の思い描く親鸞なのである。

この親鸞像は、暁烏自身と相似形をなしている。暁烏は、自らの罪や愚かさの自覚を経て他力の信仰に向かっていったが、まさしくそれは、暁烏が描く親鸞その人である。『歎異抄』を読み込むなかで親鸞の内面の動きを感じ取り、自らと重ね合わせたのだろう。親鸞に自分を重ね合わせること。これが、暁烏における『歎異抄』読解の第三の特徴である。

暁烏、多田とともに「浩々洞の三羽烏」と呼ばれた佐々木は、『歎異抄』の親鸞に仮託して自己を語ってはいないが、彼らと同じように、愚かな親鸞を語っている。その書が、暁烏の『歎異鈔講話』の前年、明治四三（一九一〇）年に刊行された『親鸞聖人伝』である。親鸞の生涯をつづったこの書は、暁烏の連載「歎異鈔を読む」と同時期の明治三七（一九〇四）年一月から『精神界』に連載され、御遠忌《ごえんき》第一回記念出版として刊行されている。

御遠忌とは、親鸞の没後五〇年ごとに行われる大規模な法要をさす。『親鸞聖人伝』が刊行されたのは、明治四四（一九一一）年に親鸞六五〇回御遠忌法要が営まれた年の前年であった。宗門を挙げて大規模に行われたこの法要に際しては、浩々洞の出版部である無我山房より記念出版第二回として佐々木の『親鸞伝叢書』が、第三回には浩々洞の『親鸞聖人御伝鈔講話』、第六回には佐々木著、中村不折画の『親鸞伝絵記』、第七回には佐々木と鈴木大拙の共訳『英訳親鸞伝』が、それぞれ刊行されている。いずれも親鸞の伝記である。暁烏の『歎異鈔講話』は記念出版の第四回だった。

『親鸞聖人伝』の冒頭で佐々木は、「唯徒らに史実をのみ集めて之を年月日の順序に組み立て、之を名けてその人の伝記なりといはば、墓辺に散乱する所の枯骨を拾ひ集めて之を人なりといふと何ぞ異ならむ」[41]と述べ、暁烏と同じように、史実をのみ書き記し、歴史上の親鸞にこだわる姿勢を批判している。こうして佐々木は、親鸞の経験を追体験するようにして親鸞ゆかりの地をめぐり、人間としての親鸞の内面の動きを自らが語るかのようにして、親鸞の伝記をまとめていったのである。

『親鸞聖人伝』には適宜、佐々木の見解が織り込まれているが、基本的には「伝絵」の内容に沿って記述が進められていく。ここでの親鸞も、自らの進むべき道に悩み、自らの愚かさを自覚する存在である。たとえばそれは次のように描かれる。

> 紫の衣、金襴の袈裟出離生死のその為めに、何の利する所かある。愚か也。愚か也。（中略）かくも愚かな者が世界をさがして何くにか在る。われ二十八歳の今日まで、かくまでも愚かな者にてありし事を、今が今まで知らざりき。あゝ、迷ふたり、血迷ふたり。[42]

　これは二八歳の親鸞が悩みに悩んで比叡山を下りる際の描写だが、ここで佐々木は、自らの愚かさを親鸞に自覚させ、告白させている。この愚かな親鸞は、救いの道を求めて六角堂に向かうのだが、そこでの親鸞の心情は、次のように表現されている。

> 悲しや、「定水を凝らすと雖ども、識浪頻りに動き、心月を観ずと雖ども、妄雲猶ほ覆ふ」。その求むるもの、得られざるのみならず、胸の煩悶は反て日と共に加はり心の苦痛は月と共

に進みぬ。／あゝ、如何にせん、如何にせん、之を訴へんに師なく語らんに友なく、然かも、自から救ふべき道とてもなし。[43]

ここで佐々木は、覚如の息子・存覚《ぞんかく》（一二九〇―一三七三）の著した『歎徳文《たんどくもん》』にある「定まった水を捉えようとしても心が定まらず、心のうちで月を見ようとしても迷いの雲で覆われてしまう」との言葉を引きつつ、青年・親鸞の苦しみを、「煩悶」という言葉とともに語っていく。

煩悶とは、明治三六（一九〇三）年に一高の学生だった藤村操（一八八六―一九〇三）が華厳滝《けごんのたき》で投身自殺を遂げた際に、木の幹に記した一文に用いられた言葉である。藤村の自死は当時、多くの人に衝撃を与え、煩悶という言葉は、いかに生きるべきかに悩むエリート青年たちの心情を表した言葉として、以降、メディアを賑わせた。「煩悶青年」は社会現象となり、近代日本の青年像を形成する上で重要な役割を果たしたという。[44] 佐々木が『親鸞聖人伝』で描き出したのは、そうした煩悶する青年としての親鸞像であった。

暁烏や多田と同様、佐々木においても、親鸞のイメージは如来の化身ではない。佐々木によれば、親鸞が自らを愚禿だと自覚したことこそが他力信仰の現れであり、それが絶対他力の証だとされる。[41] 佐々木は『親鸞聖人伝』で、人間味あふれる親鸞を描き出したが、そこには、自己の愚かさの自覚に基づく絶対他力を重視する佐々木の思いが込められていたはずだ。

浩々洞の三羽烏と呼ばれた暁烏、多田、そして佐々木。いずれもが、徹底して自己省察をすることで自らの悪や愚かさを自覚し、そこから絶対他力へと進んだ人間親鸞を語った。これが「『歎異抄』の親鸞」像の原型となっている。この親鸞イメージを広く世に知らしめたのが、倉田の『出家とその弟子』であった。では、暁烏ら三人が描きだした親鸞と、倉田が描きだしたそれとを比較したとき、どのような共通点と、どのような相違点があるのだろうか。

倉田百三の挫折体験

倉田が『出家とその弟子』を書いたのは、結核のために一高を中退後、二人の姉を相次いで亡くし、一燈園《いっとうえん》から帰ってきた直後のことで、人生の悲哀と無常を感じていた時だったという。一燈園は、西田天香（一八七二—一九六八）によって開設された施設で、托鉢を行いながら宗教的な利他の精神に基づいて生活する共同体である。そこでの托鉢は、路頭で食の施しを受けることだけではなく、自ら仕事を積極的に探し、依頼された仕事を行うことも含まれる。現在も活動を続けている一燈園の清掃活動はよく知られているが、当時の倉田は、人が嫌がるような仕事をすすんで行い、自給自足の質素な生活をしながら精神の安定を図るというこの場所に一時、身を置いていた。

倉田はここで七カ月間を過ごした。裕福な商家に生まれた彼にとって、一燈園での生活は、肉体的にも精神的にも新鮮な刺激をもたらし、粗食と労働による日々を夢中で過ごしたという[45]。しかし、もともと病弱だったのと、姉の危篤の知らせを受けたこともあり、大正五（一九一六）年六月に一燈園を去ることとなった。

『出家とその弟子』が書かれたのはこの頃である。序幕では、「人間」と「顔覆ひせる者」（「顔」）とが、人間の生死をめぐって問答を繰り広げる。親鸞も唯円もまだ出てこない。「顔覆ひせる者」は、「人間」を「死ぬるもの」と呼ぶ。人間とは何か、生とは何か――。倉田はまずこの作品を貫くテーマを提示するのである。

ここで「人間」は、「私は共喰ひしなくては生きることが出来ず、姦淫しなくては産むことが出来ぬやうにつくられてゐるのです[46]」と訴える。ここで焦点化されているのは、人間にとって逃れられない罪、いわば原罪の問題である。そんな「人間」に対して「顔」は、「モータル（人間の意：引用者注）の分限なのだ[47]」と言い放つ。第一幕になって、ようやく唯円、善鸞、親鸞が登場し、この「分限」ある人間の救いをめぐって物語は進んでいく。

『出家とその弟子』の親鸞と『歎異抄』

『出家とその弟子』の扉には「此の戯曲を信心深きわが叔母上にささぐ」とあり、真宗門徒であれば誰もが知る親鸞の偈文（仏の徳を讃え、または教理を説く詩句）、「正信念仏偈」が引かれている。

第二幕には、極楽へ往生するのに大切なことは何かを親鸞に教えてもらおうと、はるばる遠国からやって来た三人と親鸞との問答がある。まさしくこれは『歎異抄』第二節にあるエピソードである。この戯曲において親鸞は、三人に向かって、「念仏申して助かるべしと善き師の仰せを承はつて、信ずる外には別の子細はないのです[48]」と言い、もし教えを聞きたいなら他の偉いお坊さんのところへ行って聞きなさいと諭す。多くの人々に教えを説く「伝絵」の「説法者・親鸞」のイメージとはどこか違う。この親鸞は、次のように言う。

いや仮令法然聖人に騙されて地獄に堕ちようとも私は怨みる気はありません。私は弥陀の本願がないならば、どうせ地獄の外に行く所は無い身です。どうせ助からぬ罪人ですもの。さうです。私の心を著しく表現するなら、念仏は本当に極楽に生まるゝ種なのか。それとも地獄に堕ちる因なのか、私にはまつたく知らぬと云つてもよい。私は何もかもお任せするのぢや[49]。

法然に騙されて地獄に堕ちてもかまわない、阿弥陀如来の救いがなければどのみち地獄にしか行けない。はたして念仏は極楽に生まれるのに必要なのか、地獄に堕ちる原因になるのか、私は知らない、何もかもすべてお任せする――。これは『歎異抄』において親鸞が言っていたことである。暁烏の理想とする、「『歎異鈔』のやうな意見を持」った親鸞、「『歎異鈔』を人格化したる親鸞」がここに登場する。

『出家とその弟子』で親鸞は、自分が罪深い存在で悪人であることを嘆き、「私は極重悪人です。

運命に逢へば遇ふだけ私の悪の根深さが解ります」[50]と語り出す。「伝絵」の親鸞は、ここまで自分の弱さや悪を強調したりはしない。「伝絵」の親鸞は説法者でもあり、自分には何も分からないからといって、はるばる遠方から来た人の頼みを聞き入れず、追い返すような人物ではなかった。倉田はこの戯曲で、自ら悪人であることを認め、他者ではなくひたすら自己と向き合う親鸞を描き出した。それは、暁烏らが描き出した「『歎異抄』の親鸞」の特徴でもあった。

キリスト教的な愛から『歎異抄』へ

しかし、『出家とその弟子』の親鸞は、暁烏が思い描くような「『歎異抄』の親鸞」とまったく同じなのではない。この戯曲には、キリスト教からの影響も見て取れる。親鸞の台詞には、「隣人を愛せよ。旅人を愍ろにせよ」[51]との『聖書』からの引用があり、「滅びの子」や「迷いやすい羊たちの群れ」[52]など、キリスト教的な表現が少なくないのである。序幕と「ヨハネ黙示録」との関連性も指摘されている。[53]親鸞が臨終を迎えるクライマックスの場面では、『新約聖書』の言葉を多く引いており、[54]倉田がキリスト教のことも強く意識していたことがうかがわれる。こうした「バタ臭いキリスト教的親鸞」を、この作品の人気の理由に挙げる研究者もいるほどである。[55]

この時期に倉田がキリスト教に接近した背景には、結核による一高退学や失恋がある。[56]とりわけ失恋をきっかけに、他者を自分一人のものとしてエゴイスティックに求める愛のあり方や性欲を否定するようになった彼が理想としたのが、キリスト教にもとづく普遍的な愛であり、隣人愛であった。

一高時代に倉田は、西田幾多郎（一八七〇―一九四五）の『善の研究』を読み、衝撃を受けている。この書は当時の青年たちの必読書として広く読まれ、一高時代の倉田もこの本に夢中になった。その頃の倉田の理想は、西田の論じる主体と客体の合一を自己と他者との一致として理解し、それを恋人との恋愛によって達成することだった。しかしその目論見は、失恋によって挫折してしまう。この経験から彼が求めたのが、普遍的な愛、宗教的な愛による調和だった。

失恋後に倉田が書いたエッセイ、「恋を失うた者の歩む道――愛と認識との出発」には、「真に愛の人とはキリストの如き普汎的な愛し方をする人である[57]」と書かれている。他者との合一と調和は、キリスト教的な愛によってこそ成就されると考えたのである。この思想が、彼が描く親鸞にも強く反映されている。

たとえば、『出家とその弟子』の刊行直後に『精神界』に寄稿した「愛の二つの機能[58]」では、「即ち親鸞聖人は念仏によつて完全な愛の域に達せんと望んだ。私はこの計画の実際的効果をまだ信じ得ないけれど、愛を思へば祈りの心持を感ぜずにはゐられない[59]」と記し、親鸞の念仏は、キリスト教的な「完全な愛の域」を目指す祈りだとする。「愛」や「祈り」といった言葉は、親鸞の思想にはそぐわない。しかし彼は、念仏という祈りによって到達されるべき真の愛とは何かを説いていく。倉田にとって真の愛とは、西田幾多郎の言うような「認識論的基督教的愛」であり、「意識的、努力的なる愛[60]」である。こうして彼は、「意識的、努力的」で普遍的な愛と、親鸞の念仏とを結びつけていった。

倉田のこうした思考の背景には、彼が抱えていた性欲の問題がある。この時期の彼は、「性を捨てることは私にはでき難きのみならず、実に惜しいのです。といつて天使的願求は私にそれを許しません」[61]と述べ、キリスト教に照らせば罪である性欲を捨てきれないことを告白している。性欲に惑わされず、普遍的な愛を生きようとした彼は、一燈園で約七カ月間にわたって禁欲と奉仕の生活を送るに至ったが、自分の理想にはなかなか到達できずにいた。西田天香のようには、利己的な自己を完全には否定しきれなかったのだ。そこで向かったのが、幼い頃から親しんでいた親鸞であり、[62]『歎異抄』であった。彼が大須賀秀道《しゅうどう》の『歎異鈔真髄』を読み込み、妹に「浩洞の嘆《ママ》異鈔講話」を所望したのは、まさにこの頃である。『出家とその弟子』は、キリスト教の信仰に入ることもできず、西田天香の実践にもついていけず、悩みを抱えていた倉田が、すがるようにして書いた親鸞の物語なのだ。

『歎異抄』と相違した倉田の親鸞像——善への志向

キリスト教的な愛を理想としながらもそれが実現できず、それでもなおその実現に向けて努力しようとする倉田が描く親鸞は、暁烏らが思い描く「『歎異抄』の親鸞」とは異なっている。「『歎異抄』の親鸞」は、自らの罪深さや愚かさを告白するのに対して、倉田が描いた親鸞は、ひたすら善を求める。

『出家とその弟子』と同時期に書かれた「善くならうとする祈り[63]」という文章で、倉田は親鸞について「彼に於ては、すべての罪は皆「業」に依る必然的なものであつて、自分の責任ではないのである。しかも自ら極重悪人と感じたのである[64]」と述べている。このような見方は、暁烏らの「『歎異抄』の親鸞」と同じものである。

しかし倉田にとっての親鸞は、あくまでも善人であることを目指していく。たとえば倉田は、『歎異抄』での「善悪のふたつ総じてもって存知せざるなり[65]」(何が善で何が悪なのか、全く自分には分からない)との一句について、「善悪を知るには徳を積むより外はない[66]」と、徳による向上を主張する。その上で、「私は飽くまでも善くなりたい。私は私の心の奥に善の種のあるのを信じてゐる[67]」と言う。倉田は徳を積むことで善悪を知ろうとし、自分が善であることを理想とする。続けて、彼はこう述べる。

私は真宗の一派の人々のやうに、人間を徹頭徹尾悪人とするのは真実のやうに思へない。人間には何処かに善の素質が備はつてゐる。親鸞が自らを極重悪人と認めたのもこの素質あればこそである。自分の心を悪のみと宣べるのは、善のみと宣べるのと同じく一種のヒポクリシーである、偽悪である。[68]

ここでいう「真宗の一派」とは、暁烏ら浩々洞同人のことだろう。徹底して人間は悪であるとする彼らに倉田は反対する。倉田からすれば、自分が善であるからこそ、自らの悪を自覚できるのであって、だからこそ親鸞も、自らを「極重悪人」と認めることができたのだと言う。倉田は、親鸞が善であることを求めるのである。

『出家とその弟子』に登場する親鸞は、自らの臨終に際して、「わしのをかした悪は忘れられて、人は皆わしを善人であつたと云ふであらう[69]」と、自分が善人として受けとめられることを願う。それだけでなく、「信じてくれ、仏様の愛を、そして善の勝利を[70]」と訴え、善が悪に打ち勝つことを希求する。ここでの親鸞は、自分の罪悪を嘆くだけでなく、最後まで善を目指していく。

そこでは、暁烏らが重視した絶対他力が強調されることもない。倉田は「私の信仰にはもう書物の入る時機は過ぎた、信仰の知識、手続きはもう飲み込めてゐる、最早機縁の到るのを待つ外はないと《ママ》。（中略）私は決して私の力にたよつてゐるのではない、けれども不思議の御縁にあづかる事ができないのです[71]」と告白している。阿弥陀仏の救いに、どうしても任せきることができなかったのが、倉田なのである。

「善くならうとする祈り」において倉田は、「親鸞が人間の悪行の運命的なることを感じたのは、永き間の善くならうとする努力が、積んでも積んでも崩れたからである[72]」と語る。彼にとって親鸞の念仏とは、他力ではなく自力的なものであり、人間の善をいかに向上させるかが根本的な課題となっている。同じ文章のなかで彼は、「善くならうとする祈りがないならば、已れの罪の深重なることも、その赦されの有り難さも解りはしないであらう[73]」と述べ、「善くなろう」とする

「祈り」を、何よりも重視している。

親鸞の信仰についても、「私は親鸞の念仏を善くならうとする祈りの断念とよりも、その成就として感ずる」[74]と述べ、善くなるための手段であるかのように念仏を語っている。『出家とその弟子』においても、親鸞は「人間は善くなり切る事は出来ません[75]」と言いながらも、「善くならう、と努めるのも無理ですか」との左衛門の問いに対して、「善くならうとする願ひが心に湧いて来るなら無理ではありません[76]」と答え、次のように続けている。

私たちは悪を除き去る事は出来ません。救ひは悪を持ちながら摂取されるのです。併し私は善くならうとする願ひは何処までも失ひません。その願ひが叶はぬのは地上のさだめです。私はその願ひが念仏に拠つて成就する時に、満足するものと信じてゐます。私は死ぬまで此の願ひを持ち続けるつもりです。[77]

ここで、親鸞にとっての念仏は、善くなろうとする願いを成就するための「祈り」である。この戯曲に登場する唯円も、親鸞の宗教観について次のように語っている。

お師匠様がおつしやいました。宗教といふのは、人間の、人間として起してもいゝ願ひを墓場に行くまで、いかなる現実の障碍にあつてもあきらめずに持ちつゞける、そのねがひを墓場の向ふの国で完成させようとするこゝろを云ふのだつて。[78]

しかし、『歎異抄』には「念仏は行者のために、非行非善なり（中略）ひとえに他力にして、自力をはなれたるゆえに、行者のためには非行非善なり」[79]（念仏はそれを行う者にとっての修行ではなく善でもない。ひとえに阿弥陀仏のはたらきかけであって、人間の計らいを超えたものであるから、その実践者にとって念仏を称えることは行でもなく善でもないのである）とある。念仏は善のために行うものではなく、阿弥陀仏のはたらきかけによって起こるものなのである。ところが、『出家とその弟子』では、親鸞の念仏が自力的なものに変容し、親鸞は「絶えず佛様の御名を呼びながら、業の催ほしと戦つて来た。そして墓場にゆくまでそのたゝかひをつゞけねばならないのだ」[80]と、念仏による往生を強く願う。

倉田にとって聖者とは、「真宗の見方からは猶ほ一個の悪人であって、「赦し」なかりせば滅ぶべき魂」であるが、「罪の中に善を追ひ、さだめのなかに聖さを求める」[81]者である。それは浄土真宗の宗祖親鸞でもなければ、自分が悪人であることに苦悩し続ける親鸞でもない。倉田にとって親鸞とは、キリスト教にもとづく普遍的な愛を理想とし、そこへ至るための善を志向し、ひたすら努力を重ねる存在なのである。

『出家とその弟子』で親鸞と出会う

暁烏らが思い描いた「『歎異抄』の親鸞」は、深く自己省察し、自分が悪人であることを直視し、絶対他力へ向かっていく存在であった。それに対して倉田が『出家とその弟子』で描いた親鸞は、自分が善人でありたいと願い、善に向かって最後まで努力し、愛のために祈る人物である。したがって、暁烏らの「『歎異抄』の親鸞」とは大きな違いがある。

しかし、この戯曲には親鸞だけでなく唯円も登場し、内容的にも『歎異抄』と共通する部分があり、親鸞その人は自らを悪人だと嘆いて涙するという点で、『歎異抄』からの強い影響が見て取れる。実際、阿部次郎はこの戯曲について、「或る意味に於いては歎異鈔の註釈とも見らる可きもの[82]」と記している。

本章冒頭で述べたように、『出家とその弟子』は、『歎異抄』と親鸞を広く知らしめる上で大きな役割を果たし、一般の人々が抱く親鸞像に少なからず影響を及ぼした。この作品を読んだ読者のなかには、それが本当の親鸞だと思った者もいたという。こうした事態を重く見た浄土真宗の側から、『真宗の信仰と戯曲「出家とその弟子」』（高楠順次郎、一九二二年）、『親鸞聖人の正しい見方』（大谷尊由、一九二二年）などの反論書が刊行され、『出家とその弟子』における親鸞の言葉使いはおかしい、そこで描かれた親鸞聖人の人格は浅すぎる、この戯曲を読んで親鸞聖人だと思っては由々しき誤謬に陥る、などと批判がなされた。

それでも『出家とその弟子』は、着実に読者を獲得していった。本願寺や真宗教団、僧侶を介在させなくても、この作品を読めば親鸞に直接出会えるのである。それも、お堂の奥に鎮座した崇高な親鸞聖人ではなく、自分たちと同じように恋愛や人生に悩む人間親鸞にである。ほどなくしてこの親鸞は文学の主題となり、作家たちはさまざまな親鸞像を描き出していくことになる。

それぞれの「私の親鸞」

『出家とその弟子』を批判する声が上がった時、倉田はこんなふうに答えている。この作品は親鸞の史実に厳密に拠ったものではないし、表現された思想も純粋に浄土真宗のものではない。時代錯誤もある。そもそも浄土真宗の教義を説明するために書いたのではない。「私の書いた親鸞は、どこまでも私の親鸞である[83]」と。『歎異抄』を自らの経験に照らして読み込み、そこで得た親鸞像こそが、自分にとっての親鸞だと言い切った暁烏を彷彿とさせる言葉である。

時代的な錯誤があることについて倉田は、史実にこだわることによって「私の表はそうとする親鸞が生き生きとして近代の心に触れて来ないことを恐れ[84]」、時代錯誤は承知の上で書いたという。倉田が描き出した親鸞は、教義や史実に基づいた〝本物の親鸞〟ではなく、あくまで倉田が考える「私の親鸞」であった。この親鸞像が当時の人々の心に響き、『歎異抄』の教えと親鸞の名は、浄土真宗という枠組みを超えて広がっていったのである。

私たちが「『歎異抄』の親鸞」を知っているのは、暁烏が『歎異抄』を読み込みながら、史実にとらわれずに自分にとっての親鸞(「私の親鸞」)を語り出し、その影響を受けながらも、『出家とその弟子』において倉田が自身の思いを投影させた「私の親鸞」を登場させて大きな反響を得たからである。それは史実に即した親鸞でもなければ、「伝絵」で語られる宗祖としての親鸞でもなく、浄土真宗にとっての教義的に正しい親鸞でもない。

近世までの親鸞イメージは、浄土真宗の宗祖としての親鸞が中心であった。ところが、『出家とその弟子』が刊行され、そこでの親鸞像が人口に膾炙して以降、日本人にとって親鸞は、さまざまな語りの対象となっていく。次章では、『出家とその弟子』を契機にして親鸞ブームが巻き起こり、多くの日本人が親鸞を自由に語るようになった時、親鸞像がどのように変化していったのかを明らかにしていく。

1――かつては『歎異抄』の著者を覚如あるいは如信とする説もあったが、現在では唯円が定説となっている。
2――「歎異抄」真宗聖典編纂委員会編『真宗聖典』真宗大谷派宗務所出版部、[一九七八]二〇一四年、六二七頁。
3――「歎異抄」前掲『真宗聖典』、六二八頁。
4――「歎異抄」前掲『真宗聖典』、六二七頁。
5――「歎異抄」前掲『真宗聖典』、六四〇頁。
6――倉田百三『出家とその弟子』新潮社、二〇〇五年。
7――阿部次郎「『出家とその弟子』に就いて」(『出家とその弟子』角川書店、一九五一年[初出一九一七年])、二二五頁。
8――福島和人『近代日本の親鸞――その思想史』法藏館、一九七三年、一一頁。
9――子安宣邦『歎異抄の近代』白澤社、二〇一四年、一五〇頁。

10――近現代資料刊行会編『東京市社会局調査報告書12（大正13年 4）日本近代都市社会調査資料集成1』近現代資料刊行会、［一九九五］二〇〇四年、一五一頁。

11――一高自治寮立寮百年委員会編『第一高等学校自治寮六十年史』一高同窓会、一九九四年、三四三頁。

12――福島和人、前掲『近代日本の親鸞』、二二三頁。

13――相原和邦ほか翻刻『倉田百三文学館所蔵　倉田百三の書と書簡』相原和邦、二〇〇〇年、三七頁、六六頁。叔母・宗藤静宛の書簡は非郵便のため年代および日付不詳。

14――相原ほか翻刻、前掲『倉田百三文学館所蔵　倉田百三の書と書簡』、六七頁。

15――本書は明治二八年に執筆を終えたとされる。脇本平也・河波昌『浄土仏教の思想十四　清沢満之　山崎弁栄』講談社、一九九二年、一八九頁。

16――子安、前掲『歎異抄の近代』、一五一頁。鈴木範久（『倉田百三――近代日本人と宗教』大明堂、一九七〇年、九二頁）が、倉田が妹から借り受けたのは清沢満之の『歎異抄講話』と記しているのを、子安（前掲、一五〇頁）は、暁烏の『歎異鈔講話』であると訂正しているが、一九一五年一二月二七日付の宗藤重子宛の手紙（相原ほか翻刻、前掲、六七頁）によれば倉田は、「浩々洞の嘆《ママ》異鈔講話」を貸してくれるよう依頼している。

17――井上善幸「如来の化身としての親鸞・一学徒としての親鸞」『語られた教祖――近世・近現代の信仰史』法藏館、二〇一二年、一〇八頁。

18――「歎異抄」前掲『真宗聖典』、六四二頁。

19――蓮如が『歎異抄』を禁書とし、それを清沢が「解禁」したことを否定したのが、西田眞因（「歎異抄蓮如非禁書説の提唱」西田眞因『歎異抄論　西田眞因著作集』第一巻、法藏館、二〇〇二年［初出一九九七年］）である。また、青木馨「蓮如教学管見」（同朋大学仏教学会編『論集蓮如――その思想と文化』文光堂書店、一九九八年）、青木忠夫「近世歎異抄に関する覚書」（大阪真宗史研究会編『真宗教団の構造と地域社会』清文堂出版、二〇〇五年）なども、江戸期の解釈本の公刊、講義の実施状況、東本願寺安居講本の存在、清沢の『歎異抄』入手経路などから、『歎異抄』が近代まで禁書状態であったことを否定している。

20――福島栄寿『思想史としての「精神主義」』法藏館、二〇〇三年、九〇頁。

21――松永伍一「『歎異抄』を甦らせた名著」暁烏敏『歎異抄講話』講談社、一九八一年、四頁。

22――「歎異抄」前掲『真宗聖典』、六二七頁。

23――暁烏敏「歎異鈔講話」暁烏敏全集刊行会編『暁烏敏全集』第六巻、凉風学舎、一九七五年、七六―七七頁。
24――暁烏、前掲「歎異鈔講話」、四三頁。
25――暁烏、前掲「歎異鈔講話」、五〇頁。
26――暁烏、前掲、「歎異鈔講話」、一一二頁。
27――暁烏、前掲、「歎異鈔講話」七七頁。
28――多田鼎『歎異鈔講話』無我山房、一九一〇年、一二五―一二六頁。
29――多田、前掲、『歎異鈔講話』、七五―七六頁。
30――彼らの『歎異抄』読解には、師である清沢満之の影響も考えられるが、清沢による『歎異抄』への言及は多くない。晩年の『臘扇記』で、『歎異抄』第二節について触れているのみであり、清沢が『歎異抄』をどのように理解していたのかは明らかでない。
31――子安、前掲『歎異抄の近代』、一四一頁。
32――暁烏、前掲「歎異鈔講話」、六二頁。
33――多田、前掲『歎異鈔講話』、七〇頁。
34――暁烏、前掲「歎異鈔講話」、九頁。
35――暁烏、前掲「歎異鈔講話」、九頁。
36――暁烏、前掲「歎異鈔講話」、九―一〇頁。
37――「歎異抄」前掲『真宗聖典』、六二七頁。
38――暁烏、前掲「歎異鈔講話」五〇頁。
39――暁烏、前掲「歎異鈔講話」、四六頁。
40――暁烏、前掲「歎異鈔講話」、五〇頁。
41――佐々木月樵『親鸞聖人伝』無我山房、一九一〇年、二頁。
42――佐々木、前掲『親鸞聖人伝』、六二頁。
43――佐々木、前掲『親鸞聖人伝』、六四頁。
44――和崎光太郎『明治の〈青年〉――立志・修養・煩悶』ミネルヴァ書房、二〇一七年、二一四頁。
45――鈴木範久『倉田百三――近代日本人と宗教』大明堂、一九七〇年、八五頁。

46――倉田百三「出家とその弟子」『倉田百三選集』5、春秋社、一九五五年、九頁。
47――倉田、前掲「出家とその弟子」、九頁。
48――倉田、前掲「出家とその弟子」、五一頁。
49――倉田、前掲「出家とその弟子」、五二頁。
50――倉田、前掲「出家とその弟子」、三〇頁。
51――倉田、前掲「出家とその弟子」一三四頁。『新約聖書』（マタイ一九・一九およびロマ一二・一三）にある。
52――倉田、前掲「出家とその弟子」五九頁、一〇四頁。『新約聖書』には、「ほろびの子はほろびたり」（ヨハネ一七・一二）、「羊のごとく迷いたりしが」（ペテロ前二・二五）との言葉がある。
53――朝下桂宇「『出家とその弟子』における諸問題」『文芸研究』一〇号、一九五二年。
54――親鸞の台詞にある、「隣人を愛せよ。旅人を愬ろにせよ」（倉田、前掲「出家とその弟子」一三四頁）は、『新約聖書』（マタイ一九・一九およびロマ一二・一三）にあり、「自分らがしてほしいように」は、『新約聖書』「すべての人にせられんと思うことは汝らもまた人にもそのごとくせよ」（マタイ七・一二）から来ている。
55――末木文美士「迷走する親鸞――『出家とその弟子』考」『季刊　日本思想史』七五号、二〇〇九年、一一二頁。
56――倉田は幼少期に教会に出入りしており、一高入学後には矢内原忠雄、久保正夫らの影響でキリスト教に触れている（鈴木範久、前掲『倉田百三――近代日本人と宗教』、五六―五九頁）。
57――倉田「恋を失うた者の歩む道――愛と認識との出発」『倉田百三選集』1、春秋社、一九五五年、八九―九〇頁。
58――『精神界』一七巻八号（一九一七年九月一五日）にて発表。
59――倉田「愛の二つの機能」前掲『倉田百三選集』1、一一〇頁。
60――倉田、前掲「恋を失うた者の歩む道――愛と認識との出発」、八九頁。
61――倉田「青春の息の痕」（一九一五年五月二三日付、久保正夫宛）前掲『倉田百三選集』第一巻、二二一頁。
62――倉田の妹・艶子は、「私の家は真宗の菩提寺の檀家《ママ》総代だったから、（中略）兄も私も短い「御文章」の文句を暗唱することはへいちゃらで、説教話はたいていもう覚えこんでしまい、なれっこであった」（倉田艶子「『出家とその弟子』が出来るまで」『出家とその弟子』角川書店、一九六八年、二六四頁）と述べている。さらに倉田は、熱心な真宗門徒であった叔母の家で三年間生活している。これらのことから、倉田が真宗文化と深い関わりのある環境に身を置いていたことは確かである。

63――『生命の川』一巻二号（一九一六年一一月一六日）に「愛と智慧との言葉（その二）善くならうとする祈り」と題して発表。

64――倉田「善くならうとする祈り」前掲『倉田百三選集』1、一二二頁。

65――「歎異抄」前掲『真宗聖典』、六四〇頁。

66――倉田、前掲「善くならうとする祈り」、一二三頁。

67――倉田、前掲「善くならうとする祈り」、一二五―一二六頁。

68――倉田、前掲「善くならうとする祈り」、一二六頁。

69――倉田、前掲「出家とその弟子」、一二八頁。

70――倉田、前掲「出家とその弟子」、一三二頁。

71――相原和邦ほか翻刻、前掲『倉田百三文学館蔵　倉田百三の書と書簡』、三七頁。

72――倉田、前掲「善くならうとする祈り」、一二七頁。

73――倉田、前掲「善くならうとする祈り」、一二七頁。

74――倉田、前掲「善くならうとする祈り」、一二七頁。

75――倉田、前掲「出家とその弟子」、三〇頁。

76――倉田、前掲「出家とその弟子」、三三頁。

77――倉田、前掲「出家とその弟子」、三三頁。

78――倉田、前掲「出家とその弟子」、一〇五頁。

79――「歎異抄」前掲『真宗聖典』、六二九頁。

80――倉田、前掲「出家とその弟子」、一二六頁。

81――倉田、前掲「善くならうとする祈り」、一二八頁。

82――阿部次郎、前掲「『出家とその弟子』に就いて」、二二五頁。

83――倉田「『出家とその弟子』の上演について」前掲『倉田百三選集』1、一七五頁。

84――倉田「『出家とその弟子』の上演について」前掲『倉田百三選集』1、一七六頁。

第五章

大衆化する親鸞

倉田百三の『出家とその弟子』以降、親鸞は浄土真宗の枠を超えて多くの人々に受容されていった。僧侶でも門徒でもない人たちが、自分にとっての親鸞を語り出し、そうやって生み出された親鸞像がメディアを通じて拡散することで、親鸞はさらに多くの人々に受け入れられていったのである。

『出家とその弟子』以降、大正期には親鸞を取り上げた小説や演劇、映画や新聞連載が多数登場したほか、雑誌や単行本でも、親鸞の生涯が描かれたり、評論の対象となったりした。こうした多様なメディアを通じて、人々はさまざまに表現された親鸞と出会うようになった。親鸞は、浄土真宗という宗門の枠を超えた語りの対象となり、その枠から自由な「私の親鸞」が次々と生み出されていったのである。本章では、こうした現象に注目し、新聞や雑誌などの出版メディアに登場した親鸞が、どのように語られ、そこでいかなる変化を見せたのかを、「大正期親鸞ブーム」に焦点を絞って明らかにしていく。そうすることで、これまでの章で浮かび上がってきた親鸞の「顔」がどのように一般社会へ広まっていったのかを検証したい。

大正期の親鸞ブーム

「大正期親鸞ブーム」は、浄土真宗の僧侶や門徒以外の多くの人々が親鸞という存在に接することになった画期をなす社会現象である。時期は大正一一(一九二二)年からの数年間で、主に文芸界がこのブームを先導した。この時期に、親鸞を題材とした小説や戯曲が立て続けに登場し、

表5－1　大正期親鸞ブームの主要作品一覧

大正11年	1月	石丸梧平	『人間親鸞』	蔵経書院
	3月	江原小弥太	「戯曲親鸞」	『新小説』
	4月	香春建一	『戯曲親鸞』	更新社
		小松徹三	『燃え出づる魂（親鸞の新生）』	弘文閣
	6月	石丸梧平	『受難の親鸞』	小西書店
	7月	村上浪六	『親鸞』	明文館書店
		三浦関造	『創作親鸞』	京文社
	8月	石丸梧平	『戯曲人間親鸞』	大日本真宗宣伝協会
		茅場道隆	『戯曲親鸞』	耕文堂
		山中峯太郎	「親鸞の出家」	『中央公論』
	9月	石丸梧平	「戯曲流人親鸞」	『女性』
	11月	松田青針	『人間苦の親鸞』	春陽堂
		山中峯太郎	『戯曲親鸞聖人』	東光会
	12月	田島淳	「親鸞——喜劇一幕」	『劇と評論』
大正12年	1月	吉川英次	『親鸞記』	東京毎夕新聞社出版部
大正13年	11月	松田青針	『大凡愚親鸞』	春陽堂

表5－1にあるように、「親鸞」をそのタイトルに用いたものは、主要なものだけでも一六作品がある。

このほか雑誌では、「大正に活現せる親鸞信仰と日蓮信仰」（『大観』）、「親鸞聖人の八面観」（『親鸞教』）、「親鸞と現代社会」（『解放』）といった特集が組まれ、[1] あまりの流行にそれを非難した「流行親鸞批判号」[2] と銘打った雑誌も刊行されている。新聞では、このブームを揶揄した「親鸞流行の幻影」といった記事や、「小学校教員間に親鸞熱が著しく興る」といった記事が掲載され、[3] 評論としては『イエスか親鸞か』、『粋な親鸞様』[4] などが刊行された。親鸞を主題とする舞台や映画も盛んに制作され、この時期の人々は親鸞に明け暮れたのだった。

親鸞ブームの作家たち

このブームで親鸞を取り上げた作家たちの多くが、今ではほぼ忘れ去られている。しかし、彼らが親鸞に材を取った作品は当時、多くの読者を獲得していた。ここでは有名無名を問わず、特に興味深い経歴を持つ四人の作家を紹介していこう。

まず、石丸梧《いしまるご》平《へい》（号・梅外）である。現在では無名だが、彼の書いた『人間親鸞』と『受難の親鸞』（ともに一九二二年）は親鸞ブームを代表する作品であり、彼はこの二作によって流行作家の仲間入りを果たした。

大阪府豊中市に生まれた石丸は、旧制茨木中学校を経て早稲田大学史学科に入学、卒業後は大阪府立今宮中学校の教師となり、そののち作家となった。教師時代の同僚には、のちに国文学者となった折口信夫《おりくちしのぶ》（一八八七—一九五三）がいる。彼と親しかった石丸は、折口が上京したのを機に自身も小説家を目指して上京。教師のときから石丸は、宗教を中心に広く文化、教育などを扱う新聞「中外日報」などの文芸欄を担当し、当時まだ無名だった菊池寛（一八八八—一九四八）を見出している。[5]

大阪にいた頃の石丸は、『団欒』という雑誌を主宰していた。近年では、川端康成（一八九九—一九七二）がまだ中学生のときに書いた文章（「生徒の肩に柩を戴せて　葬式の日、通夜の印象」）がこの雑誌に掲載されていたことが初めて確認された[6]だけでなく、与謝野晶子（一八七八—一九四二）や菊地寛らの全集未収録作品がこの雑誌に多数掲載されていることが発見され、話題になった。[7]

親鸞ブームのなかでも異色の経歴を持つのが、『戯曲親鸞聖人』の作者、山中峯太《やまなかみねた》郎《ろう》（未成）

（一八八五―一九六六）である。[8]「面白くてためになる」との編集方針で創刊された少年向け人気雑誌『少年倶楽部』を代表する作家で、『敵中横断三百里』（一九三一年）、『亜細亜の曙』（一九三二年）などの軍事冒険小説も多数刊行している。ポプラ社の「名探偵ホームズ」全集の翻訳者としても有名である。

大阪生まれの山中は、陸軍幼年学校を出たのち、陸軍士官学校から陸軍大学校へ進んだ。陸軍中央幼年学校の同期で、陸軍大臣を務めた阿南惟幾《あなみこれちか》（一八八七―一九四五）とは生涯を通じて親交があり、一期上の東条英機（一八八四―一九四八）とも親しく、戦時中の東条の講演の原稿を複数執筆している。[9]当時、陸大へ進めたのは士官学校の一八期、一九期生（山中は一八期生として入学するが病気療養のため休学し、一九期生となった）を通して山中ただ一人で、彼はまさに軍人としてのエリートコースを歩んでいた。

ところが山中は、中国で新軍の蜂起が導火線となって起こった辛亥革命に続く第二革命に参加するために陸大を中退し、明治四五（一九一二）年に中国へ渡る。新軍の将校のほとんどが日本の陸軍士官学校出身で、彼らと親しくしていた山中は、どうしても仲間たちの力になりたかったという。現地では、士官学校時代から親しくし、孫文の側近とも言われた李烈鈞（一八八二―一九四六）らと活動をともにした。一方で、朝日新聞の通信員として「透徹一」、「山中未成」の名で、現地の情勢を報告した。大正三（一九一四）年には陸軍も依願して退官してしまった。李らの形勢が悪化して日本に戻ってからも、「中村屋のボース」として知られるインドの独立運動家ラース・ビハーリー・ボース（一八八六―一九四五）の潜伏を助けたほか、第三革命にも関わった。こうした政治活動の一方、婦人雑誌や少年・少女雑誌に自身の体験をもとにした作品を多く寄稿し、冒険小説家として人気を博したのだった。

親鸞ブームを担った作家のなかで最も有名なのは、吉川英治（一八九二―一九六二）だろう。新聞記者だった吉川は、無署名で「親鸞記」を「東京毎夕新聞」に連載、これを単行本にまとめ、本名の「英次」名で刊行している。

神奈川県に生まれた吉川は、父の失業により尋常高等小学校を中退し、職を転々としている。横浜のドックでは作業中に事故に遭い重傷を負うも、奇跡的に回復して上京。大正一〇（一九二一）年、二九歳のときに東京毎夕新聞社の記者となった。ところが大正一二（一九二三）年の関東大震災で社屋は焼け落ち、新聞記者を辞めることになってしまう。だがその直後、大正一四（一九二五）年一月に創刊された大衆雑誌『キング』に「剣難女難」を連載してこれが好評を博して以降、『宮本武蔵』（一九三六年）、『私本太平記』（一九五九年）などを次々と発表し、日本を代表する大衆文学の書き手となっていった。

四人目の作家は、『創作親鸞』を書いた三浦関造《みうらかんぞう》（一八八三―一九六〇）である。福岡に生まれ、青山学院神学部を卒業した三浦は、青森にあるプロテスタント・メソジスト教会の副牧師となった。大正二（一九一三）年にルソーの『エミール』を翻訳した後、牧師を辞めて東京に戻り、ロマン・ロラン『ジャン・クリストフ』（一九一四年）、ドストエフスキー『カラマーゾフの兄弟』

（一九一四年）、ロンブローゾ『犯罪と遺伝　個性の教育』（一九一六年）などを次々と翻訳した。それと並行して、教育関係の本も精力的に執筆している。昭和五（一九三〇）年にはアメリカに渡って神智学協会と交流し、帰国後は日本にヨガと神智学を広めることに力を注ぎ、精神療養家としても活動した。昭和二八（一九五三）年には、ヨガの技法をまとめた『幸福への招待』を刊行し、神智学ヨガ団体「竜王会」を結成している。

この四人以外にも、劇作家の田島淳（一八九八―一九七五）、時代小説家として名を馳せた村上浪六《なみろく》（一八六五―一九四四）、百貨店日日新聞社社長の小松徹三（生没年未詳）、大正期の宗教小説を代表する『新約』を執筆した江原小弥太（一八八二―一九七八）など、実にさまざまな職歴・経歴の持ち主が、親鸞を登場させた小説を発表していった。

彼らのほとんどが、浄土真宗と深い関係を持っていたわけではない。作家たちのなかで僧侶であったのは、井上円了の哲学館で学んだ松田青針《せいしん》（一八八〇―一九六二）、真宗大谷大学を出た香《か》春《はる》建一（一八八八―一九七一）、経歴未詳の茅場道隆（一九〇〇―一九五二）の三人で、全員が大谷派であったが、宗門の中心的人物というわけではなかった。松田は、弟子たちとともに暮らす越後時代の心優しい親鸞を描き、香春は、親鸞と西郷隆盛とを重ね合わせて描き、茅場は、自らの罪悪に涙するのでなく、力強く信仰に生きる親鸞を描いた。吉川英治は実家が浄土真宗の門徒だったため、幼い頃から親鸞に親しんでいたが、彼自身は熱心な門徒というわけではなく、他の作家と同じように浄土真宗という枠にとらわれず、自分が思い描く親鸞を作品に登場させた。

親鸞ブーム以前の「人間親鸞」

このブームの鍵となるのは、前章で触れた二つの「人間親鸞」、すなわち、自らの悪に向き合い、苦悩する人間味ある親鸞と、歴史学の立場から明らかにされた史実上の親鸞である。

浩々洞の三羽烏の一人、佐々木月樵は『親鸞聖人伝』（一九一〇年）で、自分たちと同じように自らの愚かさを自覚し、煩悶する青年・親鸞を描き出した。真宗史を研究する福島和人は、佐々木の『親鸞聖人伝』によって、六角堂に通い詰めた親鸞のその経験が、初めて「親鸞の人間的体験[10]」として甦ったと評価している。それで言うなら、「伝絵」の親鸞でもなく、史実における親鸞でもなく、『歎異抄』の親鸞こそが自分にとっての親鸞だと言い切った暁烏敏も同様だろう。佐々木にとっても暁烏にとっても、親鸞とは、人間として悩み苦悩する存在なのであった。

このように、書き手自身が抱える苦悩と親鸞の人生とを重ね合わせながら親鸞を語ることは、近代以前には考えられなかった。『教行信証』にもあるように、親鸞自身は、「誠に知りぬ。悲しきかな、愚禿鸞、愛欲の広海に沈没し[11]」と、自身の欲望の深さやその身のあさましさを悲しみ嘆いている。しかし、この親鸞が自分と同じ悩める人間だという語りは、明治期に入るまでほとんど見られなかった。たとえ親鸞自身がそのように自分を捉えていたとしても、宗祖親鸞聖人とは畏れ多い御開山であり、ほかの人間とは異なる如来の化身だったからである。

ところが明治期以降、人間親鸞が語られるようになっていく。たとえば、大谷派の近代教学を支えた第一人者である曽我量深《そがりょうじん》（一八七五―一九七一）は、大正七（一九一八）年の大谷大学（当時は真宗大谷大学）での講演で、これから自分は「聖人」ではなく「親鸞」と呼ぶと「宣言」した。当時にあってそれは、「宣言」しなければならないほどの一大事だったのである。そこには、浄土真宗の祖師というよりも、自分の師として親鸞を捉えたいとの思いがあった。昭和一〇（一九三五）年の還暦記念の講演でこの宣言について詳しく論じたところ、教団内に大きな衝撃が走ったという。[12]

一方、歴史学においても、明治に入って以降、親鸞の神秘的な側面は近代的な歴史学の立場から否定され、歴史的事実としての親鸞への探究が進んだ。奇跡を起こさない、生身の親鸞の究明である。この動きは村田勤の『史的批評親鸞真伝』（一八九六年）を嚆矢とし、大学のアカデミック史学として初めて親鸞の伝記を検証した長沼賢海の「親鸞聖人の研究」以降、本格化していく。こうして明治末期には、著名な歴史学者である田中義成（一八六〇―一九一九）や八代国治（一八七三―一九二四）らが、歴史上に親鸞という人物は実在しなかったという「親鸞抹殺論」（「親鸞不在説」）を唱えるに至った。

大正期に入ると、歴史学者の辻善之助が、親鸞の直筆と伝えられてきた文書の筆跡鑑定を行い、確かに鎌倉時代のものであり、この時代に親鸞は実在したことが証明されたと結論づけた。しかし、親鸞に関する史実をめぐっては議論が続き、親鸞ブームに沸いた大正一一（一九二二）年に刊行された中沢見明《けんみょう》の『史上の親鸞』では、「伝絵」は覚如の夢物語にすぎないと痛烈に批判されるに至った。この時期の親鸞は、もはや多くの人々にとって如来の化身ではなく、奇跡も起こさない普通の人間になっていた。

親鸞ブームに直接火をつけたのは倉田の『出家とその弟子』である。しかしこの時期には浄土真宗の側でも大きな出来事があった。親鸞ブームが巻き起こる前年、大正一〇（一九二一）年に、親鸞の妻とされる恵信尼の手紙（「恵信尼消息」）が西本願寺で発見されたのである。これによって親鸞が実在したことが決定的になり、これ以降、この手紙の内容と「伝絵」の記述との照合が盛んになっていった。

もう一つ挙げておきたいのは、大正一二（一九二三）年に行われた立教開宗七〇〇年記念法要である。立教開宗とは、親鸞が『教行信証』を書き始めた年を開宗の年とし、そこから七〇〇年目を記念して行われた大規模な行事である。これに先立って、本願寺派（西本願寺）、大谷派（東本願寺）、高田派（専修寺）、仏光寺派（仏光寺）など浄土真宗の一〇の派からなる真宗各派協和会が結成された。大正一一年頃からその準備が進められ、一般家庭向けの読み物として、「親鸞聖人に現れたる他力信仰」、「親鸞聖人の時代と立教開宗」、「真宗信徒の家庭」をテーマとする創作

図5－1

「親鸞聖人開宗記念　懸賞募集」と題された広告（『宗報』1922年6月号掲載）。

と宗歌が募集されている（図5－1）。こうした宗門側の動きかけも、親鸞を文芸に結びつける契機となったはずである。

親鸞ブーム期の親鸞像

では、このブームの特徴とは何だろうか。

一つは、この時期の作品の多くが、「伝絵」を下敷きにして親鸞の生涯を描いていることである。「伝絵」以外では『親鸞聖人正統伝』（『正統伝』）、『親鸞聖人正明伝』（『正明伝』）、『法然上人秘伝』、「慕帰絵詞」、「最須敬重絵詞《さいしゆきようじゆうえことば》」などが参照されている。つまり、この時期に発表された作品の大半は、作家による完全な創作ではなく、既存の伝記をもとに書かれたのである。

その一方で、この時期の作品には、奇跡を起こし、親鸞を如来の化身だとするような親鸞の神秘化はまったくといっていいほど見られない。例外的に三浦の『創作親鸞』には、目の見えない者の目を見えるようにする親鸞が登場するが、これは牧師の経験があり、神智学に共鳴した三浦だからこその設定だろう。

第二の特徴として、ほとんどの作品で青年期の親鸞が描かれていることが挙げられる。親鸞の生涯は九〇年と長いが、多くの作品が、比叡山時代から流罪になるまでの青年時代を中心に描いている。青年期の親鸞しか描かない作品も少なくない。青年期ではなく、越後に流刑された時期の親鸞を描いたのは、江原の『戯曲親鸞』、村上の『親鸞』、松田の『人間苦の親鸞』、山中の

『戯曲親鸞聖人』だけである。このうち江原と松田は、自分たちが新潟県柏崎の出身であることから越後の親鸞に注目したのであろう。そもそも江原の作品は、松田の『人間苦の親鸞』に触発されて書かれたもので、似た描写が少なくない。また村上と山中の場合は、越後での親鸞にはそれほど紙幅は割かれず、メインは親鸞が流刑に処される経緯、すなわち青年期の親鸞である。『出家とその弟子』では弟子の唯円を導く老師としての親鸞が登場するのに対して、親鸞ブームの作品の多くは、青年・親鸞の苦悩に焦点を当てている。それも、性欲に悩む親鸞である。この点で『出家とその弟子』とは異なる。また、第三章で論じたように、近世の親鸞伝のなかで親鸞の妻帯は、出家しなくても極楽往生できることを証明するために実行されたものだった。しかしこの時期の作品では、こうした側面はほとんど描かれず、自分の性欲に葛藤する親鸞や、妻に会いたい気持ちを吐露したり、妻が亡くなったことを知って泣いたりする親鸞の姿に焦点が当てられる。

松田の『人間苦の親鸞』や『大凡愚親鸞』、田島の「親鸞——喜劇一幕」では、親鸞と弟子たちとの関係が描かれ、青年期ではなく、壮年期以降の親鸞が登場する。しかしこれらの作品に登場する親鸞は、『出家とその弟子』のように弟子たちに教えを説く老師としてではなく、彼らを見守りながらともに笑い悩む好々爺のような人物である。

以上のことから分かるように、この時期に描かれた親鸞は、大別すると、自分の煩悩に悩み、そこからの救いをひたすら求め続ける青年としての親鸞と、弟子たちと同じ目線で彼らを温かく見守る老人としての親鸞である。いずれの場合も如来の化身でもなければ神秘的なエピソードを持つ宗祖親鸞でもない、人間としての親鸞である。

恵信尼はどう描かれたか

親鸞ブームの前年に「恵信尼消息」が発見されたことは先に述べた。しかし、この時期に恵信尼を登場させた作品はほとんどない。現代では、親鸞の妻とされるのは恵信尼だが、この時期に親鸞の妻として登場するのは玉日、あるいは玉日姫である。第三章で述べたように、親鸞は当初、妻帯を拒んでいたのだが、法然の命によってしぶしぶ九条兼実の娘・玉日を妻にしたのであった。親鸞の妻帯を取り上げた伝記のうち、後世に大きな影響を与えたのは『正統伝』と『正明伝』とされるが、[13]大正期の親鸞ブームにおいても、親鸞の妻帯はこれらの伝記を踏襲しており、親鸞の妻は玉日である。

親鸞の妻として玉日以外の女性が登場するのは、山中の「親鸞の出家」と『戯曲親鸞聖人』、吉川の『親鸞記』の三作で、それぞれ「朝女」、「恵信」、「朝姫」の名で、恵信尼らしき人物が描かれる。いずれも、親鸞が玉日と死別した後、妻として迎えられたことになっている。『正統伝』や『正明伝』では玉日は京都で早逝したとされているが、香春の『戯曲親鸞』では、越後への流罪を親鸞が赦された後にもこの玉日が登場し、親鸞と生活をともにしている。玉日と、後妻とされる恵信尼とが混同されているのだろう。このように、この時期の作品では、恵信尼と思しき人物が登場するとしても、それは玉日の後妻としてか、玉日と混同されているのである。

現代では、親鸞は恵信尼を妻とし、二人で仲睦まじく生活したというイメージが支配的である。そこには、近代的な一夫一婦制や核家族のイメージが投影されている可能性が高い。親鸞と恵信尼の二人が、いつ頃から一組の夫婦として語られるようになったのか、現時点では未確定だが、少なくとも大正時代のこの時期には、玉日を妻とし、彼女を想う親鸞というイメージが主流であった。

各方面からの反響

この親鸞ブームに対しては、「親鸞聖人渇仰の気運」が高まっている証であるとか、[14]「現代の青年の真面目な探求の結果であり長い間の不断の努力の結晶[15]」といった好意的な評価が寄せられたが、それだけではなかった。親鸞を論じる者たちが「子供だましの様なセンチメンタリズムを鼓吹するのはたまらなく嫌だ[16]」といった批判もあった。実際、親鸞の捉え方は多様で、作家や論者がそれぞれ思い描いた「私の親鸞」のすべてが受け入れられたわけではなかったのである。

たとえば、社会主義運動家の佐野学（一八九二―一九五三）は、「此頃、親鸞が流行る。猫も杓子も（と言つては失礼ながら）親鸞熱に浮かされて居る。小規模の基督再臨ほどの騒ぎである」と、このブームを揶揄し、「近時に物珍らしく親鸞が繰返されるのは、親鸞そのものが切実に要求せられて居るからでなく、現代人の好奇性、愛新性、空想性に基づくのである[17]」と手厳しい。佐野は『解放』一九二二年五月号の巻頭言で、「諸々の迫害に反抗した親鸞の戦闘的方面の顧みられて居ないことにも、吾人は嘲笑を送らざるを得ないのである」と書き記しており[18]、佐野からすれば、親鸞の「戦闘的」性格こそが語られるべきだったのである。

浄土真宗の側からも、この流行については、「随分自分勝手な解釈をして得意がつて居り、甚しく見誤まられたる親鸞を紹介して恥ぢざる人達も少なくないやうである」[19]といった批判がなされた。本願寺派第二一世法主・光尊の四男、大谷尊由《そんゆ》（一八八六―一九三九）などは『親鸞聖人の正しい見方』（一九二三年）を刊行し、浄土真宗における正しい親鸞の見方について解説している。さらに西本願寺では、誤った親鸞理解をただすための冊子、『流行親鸞是正号』を都内で配布し、本願寺派第二一世法主の娘である九条武子（一八八七―一九二八）も、これに参加している。こうした動きからは、宗祖である親鸞が、宗門の枠組みを超えて多様に語り出されたことへの宗門側の危機感が見て取れよう。

大正一一（一九二二）年当時の文芸界について、文学評論家の木村毅は「日露戦争時代に日蓮思想の流行を見、平和克復の後で親鸞思想の流行を見た」[20]と述べている。また、実業家の野依秀一《のよりひでいち》（一八八五―一九六八）は、いかに文明が進歩して科学が力を発揮しようと、人間の苦悩は決して減るものではなく、「人間苦を徹底的に、そのまゝさらけ出したところの親鸞聖人が、最近に於いて、頻りにもてはやされることになつて親鸞熱が嵩じて来た」と論じた[21]。戦争が終わってそん平和が訪れようと、どれほど文明が発達しようと、人間の苦しみが絶えることはない――。そんな人間の苦しみを体現する存在として、親鸞は文学や評論の題材になったのだった。

ブームを可能にした出版メディアの急成長

親鸞ブームの最大の特徴は、浄土真宗の枠組みを超えて、多様な「私の親鸞」が量産された点にある。それを可能にしたのが、大正期に急成長を遂げた、本や雑誌、新聞といった出版メディアだった。本や雑誌を販売する書店について言えば、大正三（一九一四）年に東京雑誌組合と東京雑誌販売組合が発足して定価販売が推進され、大正八（一九一九）年頃から、定価販売が定着するようになった。これと時を同じくして雑誌の創刊も相次ぎ[22]、街の書店には本や雑誌が多く並び、より手軽に文学や評論を手に取ることができるようになった。

先に挙げた野依秀一（秀市）は、出版界が発展の一途をたどったこの時期に、メディアと親鸞を強力に結びつけた象徴的な存在である。『実業之世界』および「帝都日日新聞」の経営者だった彼は、大正七（一九一六）年に恐喝事件で入獄して以降、親鸞に急速にのめり込んでいった。多様な雑誌を発刊し、ＧＨＱから最も多く発禁処分を受け、「天下無敵のメディア人間[23]」と称された野依は、大正一〇（一九二一）年に大日本真宗宣伝協会を立ち上げ、同年九月に雑誌『真宗の世界』を創刊している。

大分にある彼の実家はもともと浄土真宗門徒だったが、彼自身は僧侶ではない。大日本真宗宣伝協会は宗門の正式な組織ではなく、野依が独自に立ち上げたものである。彼は自前のメディアを通して直接、自分が考える親鸞像を一般の人々に訴えたのである。『真宗の世界』のほかにも彼は、『真宗婦人』『絶対の慈悲に浴して』など、浄土真宗や親鸞をテーマにした雑誌・書籍を精力的に刊行していった。ここには、親鸞と真宗の思想を「宣伝」したいとの強い思いがあったの

図5－2

大日本真宗宣伝協会の刊行物や劇の広告（「中外日報」1922年8月29日付）。

だが、野依は親鸞のありがたさを説いたりせず、親鸞を「親鸞の奴」と呼び、本願寺を焼き討ちにせよと呼号し、堕落した真宗僧侶を痛烈に批判していった。このような過激な宣伝の仕方は、浄土真宗内部からは出てくるはずもない。彼は親鸞を尊敬していたが、親鸞を神格化することはなく、親鸞を「御開山様《ごかいさんさま》」と崇める門徒たちの前でも「親鸞という奴」と言ってのけた。攻撃的ともいえるこの姿勢を嫌う門徒や僧侶はもちろん多かったが、彼のそうした言動によって、かえって「野依ファン」が集まったという。

　言葉は強烈だが、彼の演説は一般の人々にとても人気があった。そのため、僧侶たちのなかには「親鸞の奴」といった発言には目をつむって、寺院を演説会場として提供する者もいた。野依の活動を積極的に支援

する仏教者も少なくなかったのである。[24] たとえば、大正一一（一九二二）年の『真宗の世界』（「臨時増刊　親鸞聖人研究号」第二巻第九号）には、鈴木大拙や南条文雄、金子大栄《だいえい》、石川舜台、梅原真隆《しんりゅう》、島地《しまじ》大等《だいとう》、前田慧雲《えうん》といった、当時の名だたる人物たちが寄稿している。東西（大谷派／本願寺派）を問わず、これだけ多くの著名な僧侶たちに原稿を書かせるのだから、並大抵の手腕ではない。これだけ著名な執筆者を揃えていれば、浄土真宗のきちんとした雑誌であるという安心感を読者に与えることもできただろう。宗門関係者からすれば、この雑誌によって真宗と親鸞の認知度が上がるという期待があったに違いない。実際、野依の活動によって、宗門以外の人々の親鸞への関心は高まり、親鸞の認知度も着実に上がっていったのである。

新聞の大規模化と親鸞イメージの変化

この時期の出版メディアと親鸞イメージとの関わりのなかでもう一つ重要なのが、新聞の発行部数の増大である。この時期、新聞各社は増資によって、新型高速輪転機や自動活字鋳造機など最新の機械を導入し、近代化を推し進めた。それによって、新聞は年間一〇〇万部を超えるマス・メディアへと急速に成長していったのである。[25]

より具体的に見ていこう。たとえば朝日新聞社は、合資会社から株式会社に改組した大正八（一九一九）年段階での資本金は一五〇万円だったのが、その三年後の大正一一（一九二二）年には、資本金四〇〇万円となっている。[26] 合名会社だった時事新報の場合、大正一〇（一九二一）年には資本金五〇〇万円の株式会社となっている。大正七（一九一八）年の段階では個人所有だった「都新聞」は、大正一〇年には資本金一〇〇万円の株式会社へと急成長している。[27] こうした変化からは、社会が親鸞ブームに沸いた時期に、新聞業界が急速に規模を拡大していったことが見て取れる。

では、新聞業界のこうした成長によって、親鸞像にどのような変化がもたらされたのだろうか。そのことを検証するために、ここでは石丸梧平の作品を取り上げたい。彼の『人間親鸞』は、新聞での連載を経て単行本化され、親鸞ブームを代表する人気作となった。この作品は、『出家とその弟子』に次いでいち早く親鸞を取り上げてベストセラーとなり、その発行部数は、当時としては異例の四〇万部を突破したという。[28] 手元にある単行本は、刊行後四カ月で既に四五版となっている。当時の新聞・雑誌にもこの小説の紹介や批評が多く見られることからして、この作品が多くの同時代人に読まれていたことは間違いない。

『人間親鸞』は全四編で構成され、大正一一（一九二二）年一月に蔵経書院から刊行された。そのうち二編が、「東京朝日新聞」の夕刊に連載されていた。続いて刊行された『受難の親鸞』は全五編からなり、同年六月に小西書店から刊行されている。このうち三編が、「報知新聞」と「大阪朝日新聞」の夕刊に連載されていた。

新聞の一日あたりの発行部数について言えば、「東京朝日新聞」は、大正八（一九一九）年の段階で約二二万部だが、石丸の作品（「山を下りた親鸞」『人間親鸞』第三・四編）が連載された大正一〇（一九二一）年に至ると、約二九万部と急増している。「大阪朝日新聞」も、大正八（一九一九）年には約三四万部であったのが、石丸の「吉水の崩壊」（『受難の親鸞』第四・五編）が掲載された大正一一年には約五六万部へと部数が飛躍的に伸びている。[29]「東京朝日新聞」が夕刊の刊行を始めたのは大正一〇年のことであり、ちょうど石丸が夕刊に連載を始めた時期である。このことからも、新聞業界が成長するなかで、石丸の作品が登場したことが分かるだろう。

近代日本の新聞の読者層を分析した山本武利によれば、労働者人口の増加にともない、自分で購入しなくても勤務先で購読している新聞に接することで新聞読者となるケースが大正中期に増加し、さらには青年団が新聞を購読した結果、新聞の読者が増えたという。[30]こうしたなかで新聞小説は、新聞を読む人々に共通の読書体験を与えることになった。

基本的に新聞は毎日、配達される。したがって新聞小説も、毎日読まれることが前提となる。新聞読者の職業も年齢もさまざまで、数も多い。日本の近代文学の研究者である関肇が指摘するように、[31]雑誌が女性や少年少女、インテリ層や会社員といった特定のコミュニティを読者対象とし、それぞれの読者に向けた編集方針を取ることで安定した購読数を得ようとするのに対し、新聞の場合はそれよりもはるかに大きな市場でより広い範囲の読者を対象として、情報を伝えようとする。このため、親鸞をテーマとする小説を新聞で連載する場合も、浄土真宗の僧侶や門徒、知識人や学生以外の多様な人々も読者になることを前提にしなければならない。

石丸梧平の『人間親鸞』

『人間親鸞』で描かれるのは、青年期の親鸞である。この作品で親鸞は、比叡山で修行に励んでいた頃に用いていた「範宴《はんねん》」の名で登場する。二八歳の親鸞（範宴）が比叡山で修行している場面から、この小説は始まる。学問に秀でた彼は将来を嘱望されていたが、立身出世に疑問を感じ、戒律と煩悩（主に性欲）の間で葛藤し、ついに比叡山を下りる決意を固める。比叡山を下りてからも親鸞は、自分の煩悩の深さに苦しんでいた。そんなある日、法然と出会う。親鸞は法然のもとで、徐々にその思想を受け入れ、念仏の道を進んでいく、という物語である。

親鸞の妻帯について石丸は、「釈迦以来実に破天荒の事件」だと捉え、それをこの作品に取り入れようとしたが、「疲れ切つてしまった」のと、版元から急かされたことで、途中で筆を擱《お》くことになったという。[32] 出版社側が刊行を急いでいたことが見て取れるエピソードである。

図5－3

大正期親鸞ブームの代表作、石丸梧平『人間親鸞』。

『人間親鸞』のうち、第三編の「暴風」と第四編の「黎明」は、もともとは「山を下りた親鸞」というタイトルで「東京朝日新聞」に連載されていた。単行本化に際して、「その中間を百五十枚ばかり新に書き加へて[33]」、一書とした。

「山を下りた親鸞」では、親鸞（範宴）が比叡山を下りた後、法然と出会うまでの経緯が描かれる。親鸞が山を下りる決意をする場面は、『人間親鸞』では次のように描写されている。

範宴は、さて、どこに行くべきかについては、まるであてがなかつた。けれども斯うした叡山の禁欲生活が、自分の精神生活に全然矛盾したものであることだけは明かだつた。のみならず、出世の最後のものにもいよ〳〵愛想が尽きた。「山を下らう！」範宴は決心してさう叫んだ。[34]

青年親鸞への注目

この物語では、こうして比叡山を下りた親鸞が、自分の欲望をいかにコントロールするかに悩み、友人である法善との問答を通して自らの生き方を模索していく。「煩悩をどうすることも出来ない[35]」親鸞は、「山を下りても、この世のあさましい生活は、いつまで経つても尽きるやうにも思はれない[36]」と思い悩む。石丸は、この青年親鸞が人間として成長していく過程を描いていくのである。

たとえば、自分の欲深さに悩んだ親鸞がその解決の道を見出すために六角堂に夜ごと通う場面が登場するが、親鸞が六角堂で受けた夢告（「女犯偈」）の場面は出てこない。親鸞が性欲に悩み、そこから抜け出すプロセスを描くなら、女犯をしても極楽へ連れて行くという、夢告のエピソードは欠かせないはずである。ところが石丸はそれを描かない。親鸞が法然と出会い、念仏による救いの道を見出していく場面も、終盤になってようやく出てくる。つまり、石丸が表現するのは、夢告や法然の教えによって親鸞が苦しみから解放されるという宗教的な救済ではなく、恋や性欲に苦しみながら、人間としてよりよく生きる道を探し続ける親鸞なのである。

性愛に悩む親鸞と時代思潮

このように恋や性に悩む親鸞が登場した背景には、大正期特有の風潮がある。『人間親鸞』が刊行されたのと同じ大正一一（一九二二）年、厨川白村《くりやがわはくそん》（一八八〇―一九二三）の『近代の恋愛観』（一九二二年）がきっかけとなって新聞や雑誌では実に多くの「恋愛もの」が登場し、恋愛結婚ブームが巻き起こった[37]。

厨川が主張したのは、恋愛を前提とした結婚に至上の価値を置く恋愛論だった。厨川にとって恋愛や結婚とは、「双方ともに平等な人格と人格との結合《ユニオン》」[38]であり、個と個の人格の結合は、恋愛から始まった結婚によってのみ達成できるという。そして恋人のうちに自己を見出し、自己のうちに恋人を見出すという、「自我と非我とのぴったり一致する所」に「自我の拡大であり解放[39]」があると述べる。『出家とその弟子』を書いた倉田が、自己と他者との合一を恋人との関係に求め、それが破れて宗教的な愛に向かったのに対し、厨川はあくまでも生身の人間である恋人との一致を重視した。宗教的な普遍性ではなく、「個」と「個」という人間としての結びつき、その経験を通しての自己の成長。そのことが目指されたのである。

親鸞の人間らしさにこだわった石丸も、この時期に独自の恋愛論を発表している。ただし石丸は、厨川と違って、現実の「生活」に即しながら、恋愛や結婚を通じて生き方を「創造」することを重視していた。石丸の言う生活とは、「欲望の連続」だという。[40] それは煩悩を出発点とし、煩悩が捨てきれないなかでも自問自答しながら自分の成長を目指して生きていくことを意味した。石丸によれば、恋愛や結婚で重要なのはそうした生き方を「創造」していくことだという。[41] 彼にとっては、煩悩や欲といった、否定されるべきだが人間としてどうしても断ち切ることのできないものを抱えながら、現実的に生きていくことこそが重要だった。

たとえば、『人間親鸞』と『受難の親鸞』を刊行した翌年に出した『芸術と生活創造』（一九二三年）のなかで石丸は、「親鸞が叡山を下らうとした前後の、自己内省の血みどろな生命そのもの、それが『人間親鸞』に描かうとしたテーマである[42]」と述べている。阿弥陀仏の救いでもなく、法然と親鸞との関係でもなく、若き日の親鸞が経験した内省、それこそが石丸にとって最大の関心事だった。先の一文に続けて彼は、「人間の生活が一度は通り抜けねばならぬ道、一人の人間が是非考へなければならぬ問題、それを私は親鸞上人の生活の上に見た。見ることに努めた[43]」と言う。

石丸にとっては、宗教者としての親鸞よりも、一人の人間としての親鸞の歩みのほうが重要だった。石丸は寺院の出身でもなければ僧侶でもない。浄土真宗の門徒でもなく、『人間親鸞』以前に、親鸞との接点を見出すこともできない。そうした、まさに浄土真宗の外側にいた人物が、親鸞の生き方と自分の人生論とを重ね合わせながら、一篇の小説を書き上げた。しかもそれは、多くの読者を抱える新聞での連載小説として発表された。石丸にとっての「私の親鸞」は、このようにして多種多様な人々の目に触れることとなったのである。

石丸が描いたのは、いかに生きるかをひたすら探究する親鸞だった。このような親鸞が登場する小説を新聞で連載することができたのは、この時代の思潮と共鳴するところがあったからだろう。詩人で文芸評論家の山室静《やまむろしずか》（一九〇六―二〇〇〇）は、大正期を「個人の解放」を志向した時代[44]」と呼び、この時代に「個人の充実、伸長」が希求されるようになったと指摘している。この時期、ヒューマニズムを基調とする賀川豊彦（一八八八―一九六〇）の小説『死線を越えて』（一九二〇年）がベストセラーとなり、江原小弥太の『新約』（一九二一年）に代表される宗教文学も広く読まれるようになったのも、そうした風潮の表れと言っていいだろう。

「山を下りた親鸞」が連載された大正一〇（一九二一）年、自我の意識と内的体験を告白した倉田の『愛と認識との出発』が刊行され、翌年には阿部次郎によって、「人格の成長と発展とに至上の価値をおく[45]」「人格主義」が提唱されるに至っている。石丸が描いた親鸞も、こうした時代精神の影響下にあって、個の成長物語として読まれたのである。

石丸は親鸞の人生を理想とし、「親鸞のやうにほんとうに自己を見つめて生きよ」という。その上で、欲望を捨て切ることができない自己という、「醜い事実の上に立つて自己を少しでも高めて行くこと」[46]を、人間としての理想の生き方だとする。浄土真宗の宗祖としての親鸞ではなく、理想の生き方を示してくれるモデルとしての親鸞が、石丸にとっての「私の親鸞」であった。この親鸞像が、新聞で連載されることで、多くの人に共有されていった。

新聞小説で重要な敵役の存在

「山を下りた親鸞」の主な登場人物は、範宴（親鸞）、法善、聖覚法印、そして法然である。彼らは「伝絵」にも出てくるが、親鸞の親友・法善は、石丸が作り上げた架空の人物である。法善が、この物語の重要な部分を担っており、親鸞が信仰をどう考えているのか、常に問いを投げかけてくる。

近代文学における新聞小説の役割を論じた関肇は、単行本のように一つの作品を最後まで一気に読み通すことができない新聞小説では、全体的統一性から逸脱することになったとしても、物語の筋（プロット）には起伏や変化が不可欠だと指摘する。[47]その際、物語の推進力となるのが敵役である。特にメロ・ドラマ仕立ての新聞小説では、この敵役が物語全体の長さや主人公の性格を左右するという。

「山を下りた親鸞」はメロ・ドラマではないが、敵役としての法善は、親鸞の考えとは真逆のことを問いかけることで、この物語における親鸞がどのような人物であるかを浮かび上がらせていく。親鸞は、自分とは真逆の意見を言う法善と対峙しながら、阿弥陀仏の救いとは何か、自分の生きる道とは何かを探っていく。

先に触れたように、『人間親鸞』は単行本化の際に、一五〇枚ほどの書き下ろしが加えられている。そこでは、親鸞と法善が、宗教をめぐって繰り広げる長い問答の様子が描かれている。

一方、新聞に連載された「山を下りた親鸞」では、親鸞、法善の過去が、それぞれ詳しく描かれている。

なぜ、法善と親鸞の宗教をめぐる問答は、新聞連載とは別に、新たに書き下ろされなくてはならなかったのか。答えは簡単である。先に述べたように、新聞連載では、翌日の展開がどうなるのか、読者が関心を持つように書かなければならない。それだけでなく、単行本と違って、新聞連載という形式は、宗教をめぐる問答のような、論理の流れを丁寧に追う必要のある文章を読ませるのには向いていない。こうした理由で、宗教をめぐる問答は、単行本化に際して、新たに書き下ろされたのである。

石丸は親鸞をどう描いたか

石丸の『受難の親鸞』は、『人間親鸞』とともにこの時期の親鸞ブームを代表する作品だが、それも含め、石丸の新聞小説における親鸞像の特徴を、ここで整理しておきたい。

『受難の親鸞』では、法然門下に加わってからの親鸞が描かれており、『人間親鸞』のその後の物語と言っていい（石丸本人は続編ではないと述べている[48]）。この作品について石丸は、「近頃に於ける私の思索と体験と、その凡てをこの「受難の親鸞」のうちに云ひつくした」[49]と述べている。この作品にかける石丸の思いが伝わってくる言葉である。

『受難の親鸞』に登場する親鸞も、『人間親鸞』と同じように青年である。ただし、「善信」という名で登場し、法然の門弟として暮らしている。その善信が玉日と結婚したという噂が比叡山に伝わり、他の弟子たちが問題を起こしたことも重なって、一門は迫害の憂き目に遭うという物語である。

全五編のうち、第三編「信の世界」、第四編「吉水の崩壊」と第五編「受難」は「大阪朝日新聞」夕刊一面に連載されていた。ここで敵役を担うのは、法皇が寵愛していた二人の女官を勝手に出家させた安楽と住蓮である。親鸞と同じく法然門下だったこの二人の僧が、出家したいという二人の女性の願いを叶えたことによって、法然らの一門がさらなる弾圧を受け、法然と親鸞は流罪、安楽と住蓮は死罪となる。安楽と住蓮に対して、親鸞は胸のなかで、彼らの信仰に対する態度を批判する。こうした展開は、親鸞の思想的立場や人柄を浮かび上がらせる上で効果的である。

さらに、「山を下りた親鸞」と「吉水の崩壊」を比較すると、「伝絵」の場面と重なる部分が多い。基本的にはどちらも、「伝絵」に沿って物語が進む。「伝絵」に出てこないのは、「山を下りた親鸞」に登場する盗賊・耳四郎の話で、これは『拾遺古《しゅういこ》徳伝《とくでん》』から来ている。親鸞の母親は源氏の血を引いており、学問に秀でた親鸞は将来を嘱望されているという設定は、『高田親鸞聖人正統伝』でのそれと同じである。「吉水の崩壊」で描かれる二人の女官の出家は、『法然聖人行状絵図』に出てくるエピソードである。「伝絵」から多くの材を取りながらも、そこに伝記の内容を組み合わせることで、この物語は出来ているのである。

　新聞小説の場合、たまたま紙面で目にして読まれることも少なくない。たとえば大正一〇年一一月二六日付「東京朝日新聞」夕刊第一面には、石丸の連載「山を下りた親鸞」のほか、「皇太子殿下摂政御就任」を伝える記事が掲載されていて、「枢密院同意」「日英同盟」といった言葉が躍っている。読者のなかには、こうした記事を中心に読むなかで偶然、連載「山を下りた親鸞」に触れる人もいることだろう。その読者は、親鸞がいかなる人物で、どのような教えを説いたのかを知らないかもしれない。そのような読者でも、伝記の内容を一通り押さえた石丸の作品を通じて、親鸞がどのような生き方をし、どのような人物であったかを、断片的ではあれ知ることができるのである。

石丸が描いた親鸞と、倉田が描いた親鸞

「山を下りた親鸞」の親鸞は、戒律を守るべき僧侶の身であることと性欲との間で苦しみ、六角堂へ通い続ける。しかし「伝絵」では、親鸞が六角堂に参籠を続けた明確な理由は語られていない。『恵信尼消息』では、来世での安住（後世）を祈るためとされ、覚如の息子・存覚が書いた『歎徳文』では、形ばかりの修学に疲れ、迷いのなかで六角堂へ向かったと記されている。[50]当時

の親鸞が何らかの悩みを抱えていたことは間違いないが、それが何であったかは、具体的には語られていない。

石丸のこの作品に先駆けて親鸞を登場させた、他の作家の小説を見ても、親鸞が性欲に悩んでいたとするものはなく、性欲に悩んで六角堂へ通う青年親鸞を描いたのは、石丸が最初である。浄土真宗の教義や親鸞の生涯について特段の知識を持たない新聞読者にとっては、『恵信尼消息』や『歎徳文』で語られるような来世のことや「仮名の修学」に悩む親鸞よりも、性欲に悩む親鸞のほうが身近に感じられたことだろう。若い親鸞が性欲に悩み、現実の社会で生きる道を探し求める――、そうした姿に共鳴した読者も少なくなかっただろう。石丸が描き出した親鸞は、当時の時代思潮、すなわち、人生における恋愛や結婚を重視し、自己の成長に価値を置くというそれの反映でもあっただろう。したがって、「山を下りた親鸞」における親鸞は、石丸にとっての「私の親鸞」であったと同時に、多くの読者の興味を引くような「みんなの親鸞」でもあったのである。

もっと言えば、倉田の『出家とその弟子』で恋に悩むのは唯円であって、親鸞ではなかった。一方、石丸の作品は、親鸞が抱える苦悩に焦点を当てて、その人間的な姿を描き出した。『出家とその弟子』が理想としたのは、宗教的な普遍的愛と祈りによって、エゴイスティックな愛や性欲の問題を乗り越えることであった。それに対して石丸が重視したのは、性に悩む若い親鸞が、現実の生活から遊離することなく、よりよく生きる道を探求することであった。

倉田と石丸、それぞれが描き出した親鸞は、どちらも求道的である点で変わりはない。しかし、理想の求め方に違いがあった。倉田の親鸞は、宗教的な愛を説き、どちらかと言えば、知識人層を対象としていた。それに対して石丸の親鸞は、おもに大衆を対象としていた。当時の評論に、「『出家とその弟子』が作者自身の説教であるのに反して、『人間親鸞』は、どこ迄でも親鸞の人格の具体化に努めている[51]」とあるように、石丸はより直接的に人間親鸞を描き出したのである。『人間親鸞』の序文で石丸は、「真宗の信徒などは、私が親鸞をこんなにまで人間に引き下げたことを憤慨する人があるかと思ふ」と述べると同時に、親鸞がこの作品を読んでもそのことに何の不満も洩らさなかっただろうと言う。「親鸞こそほんとうに人間生活に徹して居た人だ[52]」との言葉に現れているように、石丸はあくまでも親鸞の人間的な部分にこだわった。多くの人が大正期に親鸞のことを知り、親鸞に親しむようになったきっかけとしては、やはり倉田の『出家とその弟子』の存在が大きい。しかし、石丸の作品がなければ、不特定多数の人々がこうした人間味ある親鸞像を受け取ることはできなかっただろう。

後世に多大な影響を与えた吉川英治『親鸞』

石丸が『受難の親鸞』（一九二二年）を刊行した直後、「親鸞記」を「東京毎夕新聞」に連載したのが、吉川英治である。石丸の孫の元康氏によれば、吉川は石丸を訪ねて泊まりがけで指導を受けていたという[53]。その時期を特定することはできないが、吉川の「親鸞記」の連載は、大正一

図5－4

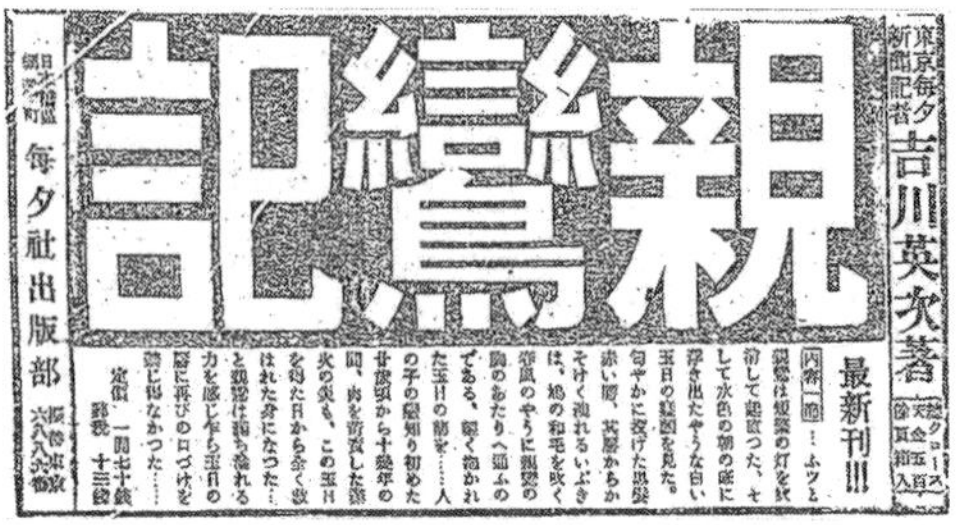

吉川英治にとって初の単行本『親鸞記』の広告（「東京朝日新聞」1923年2月11日付）。

一（一九二二）年四月から一一月にかけてのことだった。当時、親鸞がブームとなっていたことから、社長から「親鸞」を書くよういきなり命じられたのが、連載のきっかけだったという。[54]この連載をまとめたのが、吉川にとって初の単行本『親鸞記』である。だが、刊行後ほどなくして関東大震災に見舞われ、この本の多くが社屋とともに焼失してしまい、今は数冊しか残されていない。

　関東大震災から約一〇年後、吉川は再び親鸞を書いた。昭和一三（一九三八）年に講談社から刊行された『親鸞』である。私たちが知る吉川の『親鸞』は、こちらのほうである。この作品も、新聞での連載がもとになっている。ここに収められた「親鸞聖人」と「親鸞聖人後編」は、昭和九（一九三四）年九月二八日から翌年八月六日まで、「名古屋新聞」、「台湾日日新報」、「福岡日日新聞」、「北海タイムス」、「神戸新聞」に連載されたもので、昭和二三（一九四八）年に再版された単行本『親鸞』はベストセラーとなった。[55]

　石丸も吉川も、青年・親鸞の苦悩をテーマに据えている。吉川はこの作品で親鸞のことを、「生きるか死ぬかの覚悟で、まっしぐらに大蔵の仏典と人生の深奥に迷い入って、無明孤独な暗黒を十年の余も心の道場として、今もなお血みどろな模索を続けている」[56]存在として描いている。一方、『人間親鸞』において石丸は、比叡山を下りる決意をした時期の親鸞を、「自己内省の血みどろな生命そのもの」[57]だったと表現している。二人が、よく似た表現をしていることに注目してほしい。

親鸞が比叡山を下りる決意をする場面でも、同じことが言える。吉川の『親鸞』では、「「法然――。そうだ法然御房がいる」九十九日目の明けた朝であったのも不思議といえば不思議である。如意輪観世音の指さし給うところか、範宴はすぐに心のうちで、（行こう！）と決心した」[58]と書かれている。石丸の「山を下りた親鸞」で、比叡山の禁欲生活が自分の生き方と矛盾したものであることに気づき、出世を目指すことにも嫌気がさした親鸞が、「山を下らう！」[59]と比叡山を下りる決意をした場面と似た表現である。石丸と同じく吉川も、親鸞のことを、将来を嘱望された秀才でありながら、自らの性欲に深く悩んで六角堂に通い詰め、戒律と立身出世の象徴であった比叡山を下りて自分がよりよく生きる道を探し続ける青年として描き出した。

吉川はこの作品について、「既成構造がかなり変更され、また敢えて無視した箇所もあり、創意も加へられてあることを憚りなくいっておく」[60]と述べている。確かに彼の作品には、他にない独自の人物が多く登場するほか、伝記にないエピソードも盛り込まれている。しかし、ベースとなっているのは「伝絵」をはじめとする従来の伝記であり、そこからある場面を抜き取ったり、加えたりしている。この作品を読むことで、親鸞の人生と人となりを知ることができるのも、石丸の作品と同じである。

緩急に富むストーリー展開、読者に伝わりやすい心理描写、敵役によって際立たせられる親鸞の人物像――。こうした要素は、石丸の作品よりも吉川の作品において、より明確に見て取ることができる。読み物としても面白い。歴史上の人物である親鸞の人生を、近現代人が読んでも面白いと思わせる作品。それが書けるのが吉川である。だからこそ彼は、誰もが知る大衆作家となった。ベストセラーとなった『親鸞』を書いた時には、すでに吉川は誰もが認める大衆作家となっていた。その吉川が親鸞を書いたからこそ、人々は『親鸞』を読み、親鸞に触れることができた。こうして多くの人に共有されることになった親鸞像は、現代の親鸞イメージにも大きな影響を与えている。

次章では、いよいよ現代の親鸞像について論じていく。具体的には五木寛之の「親鸞」シリーズと井上雄彦の屏風絵「親鸞」を検証することで、現代の親鸞像が持つ意味を考える。

1――『大観』一一月号、一九二一年、『親鸞教』四〇巻一号、一九二二年、『解放』四巻七号、一九二二年。
2――『宗教と芸術』第三巻第一一号、一九二二年一一月。
3――『読売新聞』一九二二年八月二二日付、一九二二年一月一八日付。
4――山中峯太郎『イエスか親鸞か』双樹社、一九二二年、加藤美侖『粋な親鸞様』朝香屋書店、一九二三年。
5――石丸が折口や菊池と交流していたことはすでに注目されており、折口が死去した際に石丸が寄せた追悼文には、大阪時代の二人の様子や、折口に「口ぶえ」(「不二新聞」)を書かせた経緯が綴られ、折口と二人で菊池の下宿を訪ねたことなども記されている(片山宏行「石丸梧平と菊池寛」『菊池寛の航跡――初期文学精神の展開』和泉書院、一九九七年）。
6――宮崎尚子「新資料紹介　川端康成「生徒の肩に柩を載せて　葬式の日　通夜の印象（石丸梧平主宰『団欒』掲載）」『国語国文学研究』四七号、二〇一二年。
7――宮崎尚子「石丸梧平主宰の家庭雑誌「団欒」に関する調査①―⑥」『尚絅大学研究紀要』六号および四五―四九号、尚絅大学、二〇一二―二〇一七年。
8――尾崎秀樹『夢いまだ成らず―評伝山中峯太郎』中央公論社、一九八三年を参考にした。
9――山中峯太郎編述『一億の陣頭に立ちて――東條首相聲明録』誠文堂新光社、日本兵書出版株式会社、一九四二年。
10――福島和人『近代日本の親鸞――その思想史』法藏館、一九七三年、七七頁。
11――「教行信証」真宗聖典編纂委員会編『真宗聖典』真宗大谷派宗務所出版部、二〇一四年、二五一頁。
12――「親鸞の仏教史観」『曾我量深選集』第五巻、弥生書房、一九七〇年、三九〇―三九一頁。
13――塩谷菊美『語られた親鸞』法藏館、二〇一一年、二五五頁。
14――近角常観「親鸞聖人渇仰の気運」『中央仏教』六巻七号、一九二二年。
15――赤沼智善「時代は次第に宗教的に」『宗報』二四八号、一九二二年、一五九頁。
16――土田杏村「流行に旨い物なし」『解放』四巻七月号、一九二二年、六三頁。
17――佐野学「親鸞流行の反社会的性質」『解放』四巻七月号、一九二二年、六六―六七頁。
18――佐野学「親鸞の復活を嗤ふ」『解放』四巻五月号、一九二二年
19――廣瀬南雄「親鸞教の三大特質」『宗報』一九二二年七月号、二頁。
20――木村毅「大正十一年の宗教界―備忘録―」『早稲田文学』二〇五号、一九二二年、一九頁。
21――野依秀一「親鸞熱が冷めるとは何事か」『真宗の世界』一九二三年一月号、六二―六三頁。
22――橋本求『日本出版販売史』講談社、一九六四年。
23――佐藤卓己『天下無敵のメディア人間――喧嘩ジャーナリスト・野依秀市』新潮社、二〇一二年。
24――佐藤、前掲『天下無敵のメディア人間――喧嘩ジャーナリスト・野依秀市』、一九六頁。
25――市古貞次編『贈訂版　日本文学全史5近代』学燈社、一九九〇年。
26――朝日新聞百年史編修委員会編『朝日新聞社史資料編』朝日新聞社、一九九五年、一四頁。

27――浅井清「大衆文学の成立」市古貞次編『増訂版　日本文学全史5　近代』学燈社、一九九〇年、五九一頁。
28――石丸元康『石丸梧平の「人生創造」に学ぶ』彩図社、二〇〇四年、三三頁。
29――朝日新聞百年史編修委員会編、前掲『朝日新聞社史資料編』、三一〇頁。
30――山本武利『近代日本の新聞読者層』法政大学出版局、一九八一年、二四二―二四三頁。
31――関肇『新聞小説の時代――メディア・読者・メロドラマ』新曜社、二〇〇七年。
32――石丸梧平「初冬の郊外を眺めながら――自序――」『人間親鸞』蔵経書院、一九二二年、二頁。
33――石丸梧平「初冬の郊外を眺めながら――自序――」前掲『人間親鸞』二頁。
34――石丸梧平『人間親鸞』蔵経書院、一九二二年、七一頁。
35――石丸梧平「山を下りた親鸞」『東京朝日新聞』一九二一年、一一月二七日、夕刊、一面。
36――石丸梧平「山を下りた親鸞」『東京朝日新聞』一九二一年、一二月一日、夕刊、一面。
37――菅野聡美『消費される恋愛論――大正知識人と性』青弓社、二〇〇一年、三〇六頁。
38――厨川白村『近代の恋愛観』改造社、一九二二年、六二―六三頁。
39――厨川、前掲『近代の恋愛観』、四〇頁。
40――石丸梧平、前掲『藝術と生活創造』、五頁。
41――石丸梧平『恋愛と人生　人生創造思想体系　第4巻』人生創造社、一九二五年、三四頁。
42――石丸梧平『藝術と生活創造』小西書店、一九二三年、二六一頁。
43――石丸梧平、前掲『藝術と生活創造』三〇七頁。
44――山室静「大正人をめぐって」亀井勝一郎編『現代7つの課題　4新しい人間像の形成』筑摩書房、一九六一年、三八頁、四三頁。
45――阿部次郎「人格主義」『阿部次郎全集』第六巻、角川書店、［一九二二］一九六一年、五三頁。
46――石丸梧平、前掲『藝術と生活創造』、二六七頁。
47――関、前掲『新聞小説の時代――メディア・読者・メロドラマ』、一〇一頁。
48――石丸梧平「自序」『受難の親鸞』小西書店、一九二三年、二頁。
49――石丸梧平「自序」『受難の親鸞』小西書店、一九二二年、一頁。
50――『恵信尼文書』において親鸞は、「後世を祈」るために六角堂へ通ったとされ（「恵信尼消息」前掲『真宗聖典』、六一六頁)、「歎徳文」には、「何ぞ浮生の交衆を貪りて、徒に仮名の修学に疲れん。須らく勢利を抛てて直ちに出離を悕うべし」(「歎徳文」前掲『真宗聖典』、七四四頁)とある。

51――中澤静雄「出家とその弟子と人間親鸞」『中外日報』一九二二年、六月七日。

52――石丸梧平、前掲「初冬の郊外を眺めながら――自序――」、五頁。

53――石丸元康、前掲『石丸梧平の「人生創造」に学ぶ』彩図社、二〇〇四年、七頁。

54――吉川英治「親鸞の水脈」『大法輪』十月号『吉川英治全集』第四七巻、講談社、[一九五九]一九七〇年、四二七頁。

55――瀬沼茂樹『本の百年史――ベストセラーの今昔』出版ニュース社、一九六五年、二八八―二八九頁。なお、「親鸞聖人」、「親鸞聖人後編」の連載期間は新聞によって若干異なる。ここでは連載のスタートが一番早い「名古屋新聞」の日付を記載した。

56――吉川英治『吉川英治全集14　親鸞』講談社、一九八〇年、二五三頁。

57――石丸梧平、前掲『生活と人生創造』、二六一頁。

58――吉川英治、前掲「親鸞」、二五三頁。

59――石丸梧平、前掲『人間親鸞』、七一頁。

60――吉川、前掲「親鸞」、一〇頁。

第六章 現代の親鸞像——五木寛之から井上雄彦へ

大ヒットした五木寛之「親鸞」シリーズ

現代において、親鸞を描いて人気を博したのが五木寛之の「親鸞」シリーズである。親鸞の青年期を描いた『親鸞』（上下）が二〇一〇年に刊行され、一二年には、『親鸞　激動編』（上下）、一四年には『親鸞　完結編』（上下）が、いずれも講談社から刊行された。文芸書の世界では一〇万部売れればヒットとされる今日、このシリーズは累計一〇〇万部を突破した。

インターネットでは、特設ページ「小説『親鸞』五木寛之が描くドラマティックストーリー」が開設され、シリーズの紹介、登場人物やあらすじの解説、「親鸞」関連書の案内、挿画を担当した山口晃の制作ノート、五木寛之のプロフィール、親鸞の教えや生涯の解説、「読者からの声」などが公開されている。読者からは、「親鸞は常に厳しい修行ばかりやっていたと思っていましたが、この小説で人間らしい側面が感じられ、より親しみが湧きました」、「親鸞を聖人として描かず、人間として描いている点が小説として読めておもしろかった」などの感想が寄せられ、五木が描いた人間親鸞に魅力を感じていることが見て取れる。[1]

本シリーズで親鸞は、身分や職業を問わないさまざまな人と出会い、数々の経験をしながら、自己と向き合い、自らの罪悪に気づき、人間とは何かを問い続ける人物として描かれる。明治期以降に形作られた人間親鸞というイメージを、ここにも見て取ることができよう。読者からの感想には、そうした親鸞の姿に感動し、「読みながら、自分の考えを反省したり、辛いときは励みにしたりして過ごしてい」るという声もあった。[2] このように、親鸞の生き方を参照しながら、自らの生き方を捉え返すような読み方は、暁烏らが『歎異抄』を読み込んだ際のその姿勢に通じるものがある。

独自の親鸞像を作り上げた五木

五木は「親鸞」シリーズを、「親鸞とその時代の群像」として描いた。彼は思想と信仰をテーマに、親鸞とかかわりのある人々を描くことで、親鸞という人物を浮かび上がらせていく。[3] シリーズ一作目となる『親鸞』は、親鸞の幼少期から、青年・親鸞が流罪となって越後に向かうまでの物語である。親鸞は幼名を「忠範」と言い、「一歩まちがえれば大悪人、よき師にめぐり会えば世を救う善知識《ぜんちしき》ともなるべき相」[4] と言われるような、利発で一人じっと考え込む癖のある子どもである。こうした親鸞イメージは、「伝絵」やその他の親鸞伝とあまり変わらない。

しかし、五木が描く親鸞は好奇心旺盛で、習い事の帰りに内緒で寄り道したり、竹馬に乗って遊んだり、家の召使いの女性に甘えたりと、子どもらしい面も少なくない。ツブテ打ちの弥七や、河原で暮らす元武士の浄寛、比叡山の行者だった法螺房たちからは「タダノリ」と呼び捨てにされ、「ワッパ」、「小僧」扱いされたりもする。神童というよりも、どこか変わった活発な子どもである。

さまざまな身分の人と交わるようになるなかで、彼らとの違いを考えるようになった親鸞は、自分という存在について内省し、自分の生きる道を見出していく。親鸞の生きざまを描くことで、いかに生きるべきかを考えさせる五木のこうした姿勢は、親鸞をモデルにして人生論を表現した石丸梧平や、自分が生きる道とは何かを探し続けた吉川英治の親鸞像と通じるものがある。

しかし、五木の『親鸞』には、冒険小説的な要素も盛り込まれている。たとえば、誘拐された仲間を救出するために親鸞が敵の居場所に乗り込んだり、命を狙われて何度も危ない目に遭ったり、囚われた女性を炎の中から救い出したりする。こうした場面を読者は、手に汗を握りながら読み進めていくことになるだろう。

五木の「親鸞」シリーズを読むことで、これまで浄土真宗に関心がなかった人でも、親鸞の生涯を一通り知ることができるようになっていることも見逃せない。九歳になった親鸞が僧侶となるべく伯父の家を出て慈円と出会い、比叡山で修行をし、法然のもとへ向かったこと、六角堂に通い続け、救世菩薩から夢告を受けたこと、越後に流罪となったことなど、「伝絵」で語られてきたことが、ここでも描かれているのである。

もちろんその内容は「伝絵」そのままではない。たとえば『親鸞』では、得度をして「範宴」と名を改めた親鸞が同僚の若い男性僧侶に想いを寄せられたり、法然の教えがなぜ世人の心をつかむのか見てこいと慈円に言われ、親鸞はそれに内心反抗したりする。法然の弟子になって、『選択集』を書写することを許されて喜びを抑えきれず、妻の恵信を抱えあげて子どものようにはしゃぎ、越後に流罪となった際には、法然の教えをその土地の人々に伝えようという使命感を持って出発する。このように、五木の「親鸞」シリーズでは「伝絵」の場面を取り入れつつ、そこに独自のエピソードを盛り込むことで、さまざまな読者に面白いと感じさせる物語となっている。

覚如が「伝絵」を制作した際に彼が目指したのは、突き詰めれば、宗祖としての親鸞の権威を確立すること、浄土真宗の正統性を示すことであった。神秘的な親鸞が描かれたのも、そうした背景があってのことだろう。しかし、五木が描く親鸞は、奇跡を引き起こすことはない。暁烏や倉田が描いたように、自己と徹底して向き合うだけでもない。恋に悩み、翻弄され、時に茶目っ気を見せ、読者が面白いと感じるような行動を起こす。こうして五木は、「伝絵」を下敷きにし、足したり引いたりしながら、独自の親鸞像を作り上げたのである。

「明日がまちどおしいような作品」

「親鸞」シリーズでは、特装版や電子書籍の超合本版も刊行されている。NHKラジオでは、第2放送八〇周年記念企画として、二〇一一年三月から加賀美幸子の朗読による「ラジオ朗読　親鸞」が全六〇回にわたって放送され、それを収録した五木寛之『親鸞』CDボックス全一八枚も販売された。このように、多角的なメディア展開をしている本シリーズの最大の特徴は、新聞小説の特性を最大限に活かした点にある。

『親鸞』、『親鸞　激動編』、『親鸞　完結編』、いずれも新聞で連載されている。連載紙は次第に増えていき、「親鸞　完結編」の終盤の段階で、全国四四紙にもなった。いずれも地方新聞だが、発行部数を足し合わせると、「朝日新聞」や「読売新聞」をはるかに上回る。このうち、シリーズ一作目の『親鸞』のもととなった新聞連載「親鸞」は全国二七紙に同時連載され、発行部数は累計一二〇〇万部である。単行本の帯には「二千四百万読者が熱狂――」とある。各家庭の中で複数の人にこの小説が読まれていることを想定した数だろう。親鸞を主人公とする小説のなかでも、圧倒的な読者数である。

「親鸞」は、二〇〇八年九月一日から翌年八月三一日にかけて、「東京新聞」「京都新聞」「西日本新聞」のほか、北海道から沖縄までの地方新聞に掲載された。連載を始めるに当たって、五木は次のように述べている。

> ひさびさの新聞連載なので、不安もあればプレッシャーもある。しかも主人公は親鸞だ。時代は激動の中世である。作者としては武者ぶるいを禁じえない。とことん判（わか）りやすく、明日がまちどおしいような面白い作品を書こうと思う。できればそこに、いくばくかの深さも欲しいと願うのだが、それは傲慢（ごうまん）というものだろうか。[5]

「とことん判りやすく、明日がまちどおしいような面白い作品を」という言葉に見て取れるように、五木は新聞に連載されることを強く意識している。実際、一回ごとに山場が盛り込まれ、次回（翌日）が「まちどおし」くなるような展開となっている。新聞小説を魅力あるものとする上で重要な敵役も登場する。親鸞につきまとう「伏見平四郎（黒面法師）」である。殺人と拷問を繰り返す黒面法師のような悪人でも救われるのかがこの物語のテーマの一つとなっているのだが、五木が創作したこの敵役によってスリリングな場面展開が可能となり、読者を飽きさせないドラマティックな内容となっている。

　親鸞の恋愛に関しても同様で、親鸞はここで二人の女性の間で翻弄されたり、不誠実さを指摘されて意気消沈したりしている。石丸や吉川も親鸞の恋愛問題を取り上げているが、そこで描かれるのは、真面目一筋で、僧侶として戒律を守るべきか否か、いよいよ破った時にはいかに生きるかを延々と悩む姿であった。五木の親鸞も、やはり煩悩と戒律の間で葛藤するのだが、それだけではない。一途に恵信を想い、女心を分かっていなかったと反省し、愛する女性を敵の手から救い出そうと奮闘する。性欲や妻帯といった、女性にかかわる親鸞の話題が、従来とは違った新しい視点で面白く描き出されていく。

　そのほか、新聞小説の読者を飽きさせない工夫として、個性的な人物描写をすることで、多数の人物が登場するにもかかわらず、人物同士の関係が分かりやすいということも挙げておきたい。そのためだろう、読者からは、「大変わかりやすく、次から次へ興味深く」、「題材よりも人物描写に引き込まれ、リズムよく読めた」[6]といった感想が寄せられている。何十もの地方紙に同時連載し、多くの読者を飽きさせず、興味をもって読んでもらうこと。五木はそのことを意識しながら、親鸞を描いていったのである。

SNSでも話題になった山口晃の挿画

「親鸞」シリーズを語る上で欠かせないのが、山口晃の挿画である。山口は、全一〇五二回の連載すべてにおいて挿画を担当し、その集成として『親鸞全挿画集』（二〇一九年）を刊行してもいる。この作品集では、全挿画に山口が解説（絵解き）を付し、その時々の山口の想いや創作の経緯も記されている。

新聞によってはカラーで掲載されることもあった彼の挿画は、漫画風にコマ割りがなされたり、小説に出てくる言葉をパロディーで表現したりと、ユーモア溢れるものであった。このほか、恵信に一目惚れした親鸞が顔を赤らめて走ったり、恵信との結婚を報告するいかにも新婚夫婦らしいハガキや、都から戻った恵信に一目散に駆け寄る親鸞をハート輪郭のなかに描いたりしている。自分の生きる道をひたすら摸索する真面目一本やりの親鸞とは全く違う。

親鸞の息子・善鸞の顔は、その名「ぜんらん」を「全卵」にかけて卵型に描かれる。説教は韻を踏んだラップ調で表現され（図6-1）、親鸞の門弟を名乗る「東国念佛集団道場」などの念仏集団の名前とそのキャッチコピーがずらりと並んだ、大学のサークル風広告など、斬新な挿画が次々と登場する。主人公の親鸞が描かれない回も多く、シリーズ三作目の場合、ようやく連載二七回目にして親鸞が初めて登場する。

図6－1

山口晃による「親鸞」の挿画。「世！(yo)」のように韻を踏んだラップ調の説教（「北國新聞」2013年12月2日付）。

挿画を描く際には、五木が書き上げた原稿を編集者が打ち直してファクスし、それをもとに描いていた。印刷が始まるギリギリのタイミングで原稿が送られてくることもあれば、挿画が出来上がってから文章に修正が加えられることもあったという。[7]

山口は、挿画について五木から度々意見を言われ、それがもとで自由に描けず悩んだことも告白している。本文に関係のない京の街や家々の様子も描いてほしいとか、主要登場人物の顔は描かないでほしいといった要請を受けることもあったという。[8] 目をつぶって描いたり、後ろ姿や手足だけを描いてみたりと、苦心しながらやっと描いた挿画もあったようだ。

新聞社に寄せられた山口の挿画への感想は大半が好意的なもので、結果的にシリーズすべての挿画を担当することになった。ツイッター上でも、彼の挿画は話題になった。親鸞の思想や小説の内容ではなく、新聞小説の挿画がきっかけで親鸞に初めて触れたり、興味を持ったりする人が出てきたのである。こうしたことは、親鸞を主題とするこれまでの新聞小説には見られない、新しい現象であった。

広く読まれるための三要素

先に述べたように「親鸞」シリーズは、多いときには全国四四紙で連載されていた。ということは、引っ越し先でも、出張先でも旅行先でも、全国どこでも「親鸞」を読むことが可能だったということだ。言葉を換えればそれは、以前にも増して多くの人が、親鸞の物語に触れることができたということである。大正期に石丸が新聞小説「山を下りた親鸞」を書いていた時と比べて、その規模は格段に大きくなっている。

石丸が新聞連載をしていた時との大きな違いは、五木の場合、新聞の発行部数と購読者数が減少の一途をたどるなかでの連載だったことである。

二〇〇〇年の新聞の発行部数は約五三七〇万八八〇〇部で、一世帯あたりの購読部数は一・一三部であったが、〇八年には約五一四九万一四〇〇部、一世帯あたり〇・九八部と、部数を減らしている。減少傾向に歯止めはかからず、一五年には約四四二四万六七〇〇部、一世帯あたり〇・八八部まで落ち込んでいる[9]。それでも発行部数は、今のところ大正や昭和のそれを大きく上回ってはいる。だが、スマートフォンやタブレットなどデジタルツールの普及に伴い、情報への接し方も変化し、人々が新聞を読む機会は確実に減り続けている。

こうしたなかで、入念な準備を経て打ち出されたのが、「親鸞」の連載企画であった。この企画が成功した背景には、「親鸞プロジェクト」の総合プロデューサーを務めた講談社特別編集委員・豊田利男による販売体制の整備があった。このプロジェクトでは、全国の地方紙に毎日、同時配信することで、多くの読者の目に触れるようにし、単行本が刊行された時には地方紙の販売網を活かした注文直販制をとることで、ミリオンセラーを狙ったのだった。[10]

豊田が言うように、新聞社にとって新聞小説とは、ひと頃まで部数拡大のための有力な手段であった。夏目漱石（一八六七―一九一六）に新聞小説を書かせた「朝日新聞」の部数が拡大したことがそれを象徴している。東京帝国大学（現東京大学）の講師だった漱石は、大学の職を辞して朝日新聞に入社し、『虞美人草』『三四郎』『門』『明暗』など、現代に残る名作を次々と連載した。創作に打ち込みたい漱石と、漱石の作品で購読者を増やしたい新聞社の思惑が一致したのである。

豊田によれば、現代では小説を読む目的で新聞を買う読者は減り、新聞購入率が低下するなかで新聞小説は半ば「お荷物」扱いされてきたという。地方紙に掲載される小説は、他の記事と同様、その多くを大手通信社が配信してきたが、共同通信社では小説の配信を停止している。[11]こうしたなか、ネームバリューのある五木寛之と、多くの人が関心を持ち、ベストセラーの題材にもなってきた親鸞という組み合わせは、新聞小説として成功する上で重要な意味を持ったのである。

実際、豊田は「これだけ大きな配信システムが出来たのは、あくまで五木寛之が『親鸞』を描くというブランド力」によるもので、「このシステムを維持できる作家やコンテンツはそれほどたくさんはない」[12]と述べている。このシステムは新聞社にもメリットがあった。五木寛之に書いてもらう以上、一回あたりの原稿料は「最も高い全国紙の倍以上。おそらく連載小説としては世界で最も高いのではないか」[13]と言われている。だが、原稿料を二七紙で分担するため、従来の連載小説よりも高くならずに済む。これによって、五木の連載は可能になったという。このことからも分かるように、五木の「親鸞」シリーズは、ネームバリューのある五木が、さまざまな工夫を凝らして誰もが読めるように連載を仕立て上げたことに加えて、それを多くの人に読んでもらうための戦略的な展開の産物でもあった。

五木寛之のブランド力

現代の親鸞像にとって、「誰が」親鸞を描くかは重要である。これまで論じてきた、五木寛之が描く親鸞のことを考えてみれば分かるだろう。

五木が連載を始めるに当たって、新聞各紙はスタート前日（二〇〇八年八月三一日）の第一一面を「親鸞」特集にあてて、大々的にアピールした。そこでは、「五木寛之」の文字を大きく掲げ、あの五木寛之が、あの親鸞をテーマとする小説を連載するということが、強調されていた。

読者の中には、以前から親鸞に関心を持ち、親鸞の生涯やその思想について、一定以上の知識を持つ人もいたことだろう。倉田百三の『出家とその弟子』や吉川英治の『親鸞』を読んだことがある人も、中にはいたかもしれない。

一方で、五木が書いたものが好きだから、五木のファンだから、あるいは、有名作家が書いたものだから、この連載を読んだという人も結構いたのではないだろうか。こうしたことが起こるのも、五木寛之にブランド力があるからである。五木の「親鸞」シリーズに触れたことで、親鸞とその教えに関心を持った人もいることだろう。そこから、浄土真宗を信仰するようになるかもしれない。その意味では、浄土真宗にとっても、五木の「親鸞」シリーズは資するところがあったはずである。

井上雄彦の親鸞屏風

二〇一一年三月に完成した井上雄彦による親鸞屏風は、有名人が親鸞を表現活動のテーマにしたことで、浄土真宗の枠組みから離れて、親鸞のことが広く一般の人々に発信された、もう一つの例である。

この企画は、親鸞の没後七五〇年に際して行われる法要（「宗祖親鸞聖人七五〇回御遠忌」）の記念事業として真宗大谷派（東本願寺）が井上に依頼したもので、左隻の屏風には一羽の鳥を見つめて一人たたずむ親鸞が、右隻には民衆とともに泥の河を渡る親鸞が、それぞれ描かれている。六曲一双（左右二枚からなり、六面ある構造の屏風）で、高さはそれぞれ二メートル一二センチ、横幅は五メートル八二センチという巨大屛風である。

高校生のバスケットボールに材を取った漫画『スラムダンク』（一九九〇―一九九六年）の作者として知られる井上雄彦は、現在『リアル』（一九九九年―）を連載し、休載中の『バガボンド』（一九九八年―）も多くの読者を獲得している。親鸞屛風は、井上の漫画を読んでいた大谷派の若い職員が彼の名前を挙げ、『バガボンド』のファンだった事業担当者が直接出向いて交渉して、実現に至ったという。

大谷派は、親鸞七〇〇回の遠忌の際には、版画家の棟方志功（一九〇三―七五）に襖絵を依頼している。現在、この襖絵は東本願寺の飛地境内の渉成園《しょうせいえん》にあり、春と秋の一般公開には観光客を含め多くの人がそれを一目見ようと集まってくる。なかには、親鸞にも浄土真宗にもあまり関心のない人がいるかもしれない。しかし、この襖絵を見に行く途中で東本願寺に立ち寄ったり、庭を歩きながら浄土真宗の歴史や親鸞の思想に思いを馳せたりすることもあるだろう。五木の「親鸞」シリーズと同様に棟方志功の襖絵も、有名人が自らの創作活動において親鸞を取り上げることで、多くの人が浄土真宗に触れる機会を作り出したのである。

「若い人たちに届けたい」

しかし、井上の手になる親鸞屛風には、これらの事例とはまた違った側面がある。井上に屛風を依頼した担当者は、井上に「今生きている人に届く絵」を求めたという。仏や仏教や寺院に関心のない人でも、「井上さんの描く親鸞なら、ダイレクトに心に突き刺さっていくものになるに違いない」、「特に若い人たちに届けたい」という思いがあった。[14] その期待通り、この屏風は、それまで親鸞や浄土真宗に関心の薄かった若者たちを引き寄せた。

この企画が大谷派の中で立ち上がった当初、年齢がある程度上の役員や部長クラスの職員は、井上の『スラムダンク』も『バガボンド』も知らなかったという。しかし、世の中の若者はそうではなかった。親鸞屏風はまず、二〇一一年の四月上旬とゴールデンウィークの二回にわたって東本願寺の大寝殿で公開され、その年の一一月には渉成園で公開された。その結果、SNSには、一般公開された屏風を見に東本願寺へ行ったという投稿や、井上が描いた親鸞とはこんな人だったらしい、東本願寺にはこんな歴史があるといったコメントがアップされた。若い世代が、親鸞と結びついていったのである。

屏風が完成したのは、二〇一一年三月一〇日のこと。東日本大震災の前日だった。井上のアトリエからトラックで運ばれた屏風が京都に到着したまさにその日、未曽有の災害が起こった。東本願寺では、復興のための寄付を集めるために、屏風のポストカードやポスターなどの関連グッズを急遽作成して販売した。蓋を開けてみると、購入者が続出し、左隻の屏風のポストカードはすぐに完売となった。復興のために購入した人もいれば、井上が描いたものだからと購入した人もいただろう。収益金はすべて被災地支援のために寄付された。井上が描いた親鸞は、浄土真宗という枠組みを超えながらも、浄土真宗と社会、そして人々をつなぐ役割を果たしたのである。

井上雄彦が描いた親鸞

井上が依頼された屏風絵のテーマは、「激動の人生を送った親鸞聖人の生き様」であった。九〇年という親鸞の生涯のなかで井上が描いたのは、三〇代後半から四〇代前半の親鸞だった。流罪となって「非僧非俗」を宣言し、地方の人々と交わり、布教と思索の時を過ごしていた頃の親鸞である。

制作に当たって井上は、親鸞が二〇年間修行した比叡山をはじめ、流罪先の新潟、民衆へ布教した茨城を訪ねたという。比叡山では、冬の凍えるような寒さのなか、断食してほぼ不眠不休でお堂の中をひたすら歩いて回る苦行の話を聞き、同じような修行をしていたとされる親鸞が「行」をどのように考えていたのか、思いを馳せたと語る。井上にとっては、そうした修行を経た上で僧でも俗人でもない立場で民衆のなかに入っていった親鸞が、一番手を伸ばしやすかったという。「とても遠い存在というふうにおもわなくていい親鸞が、その年代の親鸞だった」[15]と井上は述べている。

右隻に描かれた男性、女性、赤ん坊、子ども、老人、そういった群衆の先頭に立つ親鸞は、「伝絵」で描かれた、群衆に教えを説こうとする親鸞とも重なり合う。だが、井上の屏風に描かれたのは、民衆に向かって教えを説くのではなく、民衆と同じ方向を向いて道を切り開こうとする力強い親鸞である。井上は、この屏風に描かれた人物一人ひとりに物語があると言う。人々の苦しさや喜びを背負い、民衆とともに、彼らと同じ方向に歩もうとする親鸞が描かれているのである。

もう一方の屏風に描かれるのは、親鸞ただ一人である。井上によればそこは、「ひとりきりのスペース」[16]のようなもので、この屏風にも民衆がいるという。自己との対峙が、いつか誰かとつながり、誰かを救うことになるかもしれない――。そう感じさせる絵である。あるいは、一人静かに人間と向き合った親鸞の心の中が表現されているのかもしれない。当然のことながら、親鸞屏風には文字による説明は付されていない。だから、この屏風を見る者それぞれが、そこから何を受け取るのか、何が描かれていると想像するかは、各人に任されている。この屏風の前に立った時、各人は自由に親鸞像を思い描くことができるのである。

武蔵を介してつながる吉川と井上

井上の親鸞屏風の制作過程を論じた宗教学者の釈徹宗は、五木寛之の『親鸞』について、井上の『バガボンド』に登場する武蔵をイメージしていると、どこかで聞いたという。[17]剣で人を斬り続けることから距離を置き、ひたすら我執と向き合う『バガボンド』の武蔵は、自分とは何かを問い、自らの欲望と対峙し続ける五木の親鸞と、確かに重なる部分が多い。

『バガボンド』は、吉川英治の『宮本武蔵』を原作としている。吉川は「宮本武蔵」と「親鸞」を同時並行で新聞に連載していた。井上の親鸞屏風は、井上が『バガボンド』を連載しているときに依頼され、武蔵を主人公とする漫画を描きながら、制作したものであった。吉川と同じように井上も、武蔵と親鸞の両方に同時に向き合っていたのである。親鸞を描いた吉川と井上。一方は小説家で、もう一方は漫画家であり、時代も異なる。だが、偶然にも二人は、宮本武蔵を介してつながっている。

吉川英治の「宮本武蔵」が連載されたのは、一九三五年から三九年にかけてのこと。日本が戦争に向かいつつある時代だった。一九三五年に吉川は、「日本青年文化協会」を結成して祖国愛運動を指揮している。近代日本において、天皇中心の国家を理想とする国粋主義に、親鸞の思想が結びつけられていったことを中島岳志は指摘しているが、その中島によれば、吉川の「宮本武蔵」にも、当時の日本主義の影響が見られるという。[18]吉川がこの連載にどのような思いを込めて臨んでいたかは分からない。どこまで彼が、祖国愛や国粋的な思潮を作品に反映させたかは検証しなければならないが、戦後になって刊行された『宮本武蔵』（一九四九年）は大幅に改訂されている。[19]

この『宮本武蔵』が、それ以降の武蔵イメージに決定的な影響を与えた。日本人にとって武蔵と言えば、吉川英治の武蔵が真っ先に脳裡に浮かぶほど、その波及力は大きい。時代小説におけるヒーロー像を論じた縄田一男が言うように、この作品が出るまでの宮本武蔵は、剣豪塚原卜伝との試合や佐々木小次郎との決闘で知られる、芝居や講談の世界のありふれた英雄の一人にすぎなかった。[20]その武蔵が、吉川の『宮本武蔵』によって、剣を人を斬る道具としてではなく、深く自身を見つめる糧とし、ひたむきに自己を磨く求道者となったのだった。

そんな吉川の武蔵を下敷きにして描かれたのが、井上の『バガボンド』である。井上の武蔵も初めは天下無双を目指して剣の腕を磨き、戦いを重ねていくが、「俺は強い」という我執との対峙が、次第に物語の柱となっていく。深く自己と向き合い、身分や職業の異なるさまざまな人と交わる井上の武蔵は、井上が屏風に描いた親鸞とも重なり合う。井上は「親鸞という人はきわめて人間臭い男だと思う。すごく深い入口のようでいて、突然ヒラっといなくなるような軽やかさもある」[21]と述べている。『バガボンド』はまだ完結していないが、いつしか井上の中での親鸞像と武蔵像とが重なっていくこともあるかもしれない。親鸞と武蔵。どちらも歴史上の人物だが、人気作家や漫画家が繰り返し彼らのことを描くことで、現代でも多くの日本人がそのイメージを思い描くことができるのである。

1――「小説　親鸞　五木寛之が描くドラマティックストーリー」『講談社ＢＯＯＫ倶楽部』http://book-sp.kodansha.co.jp/topics/shinran/reader.html（二〇一九年二月一九日閲覧）。

2――「小説親鸞　五木寛之が描くドラマティックストーリー」http://book-sp.kodansha.co.jp/topics/shinran/reader.html（二〇一九年二月一九日閲覧）。

3――『産経新聞ニュース』「五木寛之さん小説「親鸞　完結篇」開祖、波瀾万丈の生涯…「他力」に導かれ描いた」https://www.sankei.com/life/news/141217/lif1412170017-n1.html（二〇一九年二月一九日閲覧）。

4――五木寛之『親鸞』講談社、二〇一〇年、四七頁。

5――『中日新聞』二〇〇八年七月一二日付。

6――「小説親鸞　五木寛之が描くドラマティックストーリー」。
7――山口晃『親鸞全挿画集』青幻舎、二〇一九年、三八頁。
8――山口、前掲『親鸞全挿画集』、四五一頁。
9――日本新聞販売協会編『日本新聞年鑑』日本新聞協会、二〇一六年。発行部数は朝夕刊セットを一部として計算。
10――加藤修「仕掛け人は全国を回り、ベストセラーが生まれた」『朝日新聞DIGITAL』http://globe.asahi.com/movers_shakers/100802/01_01.html（二〇一六年一一月七日閲覧）。
11――加藤修、前掲「仕掛け人は全国を回り、ベストセラーが生まれた」。
12――加藤修、前掲「仕掛け人は全国を回り、ベストセラーが生まれた」。
13――加藤修、前掲「仕掛け人は全国を回り、ベストセラーが生まれた」。
14――井上雄彦『空白』スイッチ・パブリッシング、二〇一二年、七二頁。
15――井上、前掲『空白』、八二頁。
16――井上、前掲『空白』、一二三頁。
17――釈徹宗「井上雄彦論」マグナカルタ編集部編『新・日本人論。』ヴィレッジブックス、二〇一三年、一八頁。
18――中島岳志『親鸞と日本主義』新潮社、二〇一七年、一九五頁。
19――中島、前掲『親鸞と日本主義』一九六頁。
20――縄田一男『時代小説の読みどころ――傑作・力作徹底案内』日本経済新聞社、一九九一年、一二一―一二三頁。
21――「マンガ家井上雄彦　親鸞を描く」『同朋新聞』二〇一一年、四月一日付。

終章　日本人はなぜ親鸞に惹かれるのか

「宗祖親鸞聖人」像の完成

これまで、中世から近世、そして近現代に至る親鸞イメージの変容を辿ってきた。その出発点に据えたのは、親鸞の生涯を描いた「伝絵」と呼ばれる絵巻物であった。覚如はこの絵巻を、宗祖である親鸞の恩に報い、その徳に感謝するために制作した。この「伝絵」において親鸞は、「法然の正統な弟子である親鸞」、「教えを広めた説法者・親鸞」、そして「如来の化身・親鸞」という側面から描き出された。

こうして初期の親鸞像が確立してから半世紀ほどが経ち、覚如にとっては、宗祖としての親鸞というイメージをさらに強く押し出すことが、喫緊の課題となっていた。というのも、当時、覚如は本願寺を中核とした信仰集団の形成を目指していたからである。このため、親鸞の遺骨を納めた廟堂を管理する職に就いた覚如は、「法然―親鸞―如信」という教えの系譜を自分が受け継いでいることを示すべく、『執持鈔』『口伝鈔』『改邪鈔』を著した。その上で、康永本と呼ばれる「伝絵」で、従来の親鸞像を強調するとともに、新たに「本願寺の親鸞」というイメージをつけ加えたのである。

こうして、浄土真宗の「宗祖親鸞聖人」像は出来上がった。さらに、「伝絵」の絵の部分を抜き出した「御絵伝」と、「伝絵」の詞書を抜き出した『御伝鈔』が、本願寺から全国の末寺へと下付されることで、浄土真宗の僧侶および門徒の間で、同じ親鸞像が広く共有されるようになっていった。

「伝絵」にない親鸞イメージの登場

ところが近世に入ると、「伝絵」には出てこない親鸞が語られるようになっていく。「妻帯した親鸞」である。江戸幕府は仏教の各宗に法度を出し、妻帯を厳しく禁じていた。こうしたなかにあって、例外的に妻帯を認められた浄土真宗は、それまで強調されることのなかった「妻帯の僧・親鸞」を語るようになっていく。浄土真宗の僧侶たちは、自分たちが妻帯する根拠を、宗祖親鸞の妻帯に求めたのである。これに呼応して、近世の親鸞伝は、「伝絵」にはなかった、親鸞が妻帯するエピソードを新たに盛り込んだのだった。ここにおいて親鸞は、浄土真宗の宗祖にして、妻帯の宗風を始めた僧侶として定着していくこととなる。

そして明治時代になり、『歎異抄』の新しい読み方が生まれた。そこから形成された新たな親鸞像が、現代の親鸞イメージに決定的に重要な影響を及ぼした。第四章で指摘したように、明治期に入って、親鸞の伝記に対する実証的な検証が行われるようになり、神秘的なエピソードを取り除いた、史実としての親鸞が明らかにされていった。それは奇跡を起こすことのない、一人の人間としての親鸞である。『歎異抄』の言葉を発する親鸞とその人間性への関心が高まったのは、これとまさに同じ時期であった。浩々洞の暁烏敏は、『歎異抄』を読み込むなかで、自らの愚かさと悪に目を向け、徹底的に内省した絶対他力の人が親鸞だとした。この人間親鸞は、史実として正しいかどうかを問題にしない、暁烏にとっての「私の親鸞」であった。

大正期に生まれた「人間親鸞」

大正期にベストセラーとなった倉田百三の『出家とその弟子』に登場する親鸞もまた、「如来の化身」として讃えられ、宗祖として人々に教えを説くような聖人ではない。自ら悪人であることを認め、ひたすら自己と向き合う人間親鸞である。この親鸞は、愛や祈りによる成仏を説く。浄土真宗の教えからすれば異質な親鸞であった。

暁烏も倉田も、自らの悪を見つめ、深く自覚する親鸞を語った。だが、違いもある。暁烏の場合、そうした自己省察を徹底することで、絶対的な他力に至る親鸞を重視していた。それに対して、キリスト教的で普遍的な愛を理想とした倉田が描く親鸞は、ひたすら善を求める存在であった。そこには、キリスト教に象徴される西洋と、『歎異抄』に象徴される東洋との間で倉田が葛藤する姿を見て取ることもできよう。

『出家とその弟子』は、史実としての親鸞を描いたものでもなければ、浄土真宗の教義を説くものでもない。この作品における親鸞は、暁烏が語った「『歎異抄』を人格化した」親鸞とも違いがある。だが、ベストセラーとなったこの作品によって、これまで浄土真宗や親鸞に馴染みのなかった多くの人が、親鸞や『歎異抄』を知ることとなった。こうして明治・大正期において、これまでの親鸞像に、新たに「『歎異抄』の親鸞」が加わったのである。それ以降、『出家とその弟子』で描かれた、人間らしい、真面目な求道者としての親鸞をモデルとして、数多くの親鸞が文学作品に描かれていった。

こうして起こったのが、大正期の親鸞ブームである。そこでの書き手の多くは、浄土真宗の僧侶でも門徒でもない、作家や評論家たちだった。彼らは出版業界が急成長を遂げるなかで、書籍や雑誌に自らが思い描く親鸞を登場させ、あるいは論じた。この時期、いち早く親鸞を自らの作品に取り入れた石丸梧平は、親鸞を題材に新聞小説を書いた。それによって、多くの人が、石丸にとっての「私の親鸞」に触れることになった。

倉田が描いた親鸞は、宗教的な調和を目指していた。それに対して、多種多様な読者が読む新聞小説で石丸が描いたのは、恋や性欲に煩悶しながら、よりよく生きる道を探し続ける青年親鸞であった。「伝絵」で語られた親鸞の生涯に、「『歎異抄』の親鸞」と、善を追い求める『出家とその弟子』の親鸞とを重ね合わせたような、人間味ある親鸞である。

この連載で石丸は、親鸞の敵役を登場させることで、ストーリー展開に緩急を持たせると同時に、読者が親鸞の生涯を一通り分かるような書き方をした。こうしたスタイルは、石丸に続いて新聞小説で親鸞を取り上げた吉川英治にも共通する。吉川は、読者を飽きさせないみごとな筆致で親鸞の物語を描き出し、この連載をもとにまとめられた単行本『親鸞』(一九四八年)はベストセラーとなった。

そこでの親鸞は、史実としての親鸞でもなければ、浄土真宗にとっての〝正しい〟親鸞でもなかった。しかし、吉川の『親鸞』が多くの人に読まれることで、彼が描いた「私の親鸞」は、「みんな」が知る存在となっていった。

いま、それと似た事例を挙げるとすれば、五木寛之の「親鸞」シリーズと、井上雄彦の親鸞屏風がある。いずれも、ネームバリューのある表現者と、多様に語られ関心を持たれてきた親鸞とを組み合わせることで、これまで親鸞や浄土真宗に縁がなかった人々の関心を引きつけることに成功した。浄土真宗にとって、それは宗祖親鸞について広く知ってもらう貴重な機会ともなるだろう。それがきっかけで、浄土真宗を信仰するようになる人も、中にはいるかもしれない。

浄土真宗にとっても、自分たちが崇拝する宗祖親鸞聖人が評価され、新たに信仰の対象となったり、親鸞の認知度が上がったりすることは歓迎すべきことだろう。五木の「親鸞」シリーズのように、浄土真宗とは直接関係のないところから発信されることで、浄土真宗の枠にとらわれない、新たな親鸞像が生み出されているのである。

有名作家が描く親鸞

ベストセラーとなった吉川英治の『親鸞』がその典型だが、親鸞は、これまで多くの文学作品に取り上げられてきた。

求道者的な親鸞を吉川が描いてから約二〇年後、丹羽文雄（一九〇四―二〇〇五）は、愛欲に悩む親鸞を描いた『親鸞とその妻』（一九五七―五九年）を刊行し、一九六九年刊の『親鸞』で仏教伝道文化賞を受賞している。直木賞作家の津本陽（一九二九―二〇一八）も、『弥陀の橋は』（二〇〇二年）と『無量の光』（二〇〇九年）で、親鸞の人生を題材にしている。二〇一〇年に刊行が始まった五木寛之の「親鸞」シリーズは、累計一〇〇万部を超える大ベストセラーとなった。

これらの作家が描いた親鸞には、性欲に悩む親鸞、妻帯した親鸞、よりよく生きる道を探求する親鸞、『歎異抄』の言葉を話す親鸞など、これまで本書が論じてきた親鸞像が取り入れられている。「伝絵」で語られる親鸞の生涯は踏まえられているものの、これらの作品に登場するのは、如来の化身で法然の正統な弟子としての親鸞でもなければ、人々に教えを説く本願寺の御開山聖人でもなかった。その意味では〝本来の〟親鸞ではない。しかしこの親鸞こそが、多くの人々に受け取られ、共有されていったのである。

俳優の三國連太郎（一九二三―二〇一三）は、法然と親鸞を登場させた長編小説『白い道』を一九八六年に刊行し、この小説をもとに自ら監督した映画「親鸞　白い道」（一九八七年公開）はカンヌ国際映画祭で審査員賞を受賞している。三國は、差別と迫害にみちた現世で、人間としていかに生きるかを探究するのが親鸞の思想だと考えていたという。[1] そこには、浄土真宗という教団の統一を図るために親鸞を神秘化した「伝絵」への違和感と反発があったとされる。[2] 三國にとって親鸞とは、最下層の人々とともに生き、為政者による弾圧に抗う存在であった。

このように、著名人が親鸞を取り上げることで、はじめて親鸞のことを知った人も少なくないはずである。こうしたなかで、親鸞の生涯とその思想を、一般読者に向けて解説する入門書も書かれるようになった。たとえば、津本陽の『親鸞』（二〇一一年）、五木寛之の『はじめての親鸞』（二〇一六年）、五木と立松和平（一九四七―二〇一〇）の対談『親鸞と道元』（二〇一八年）などである。

異色の入門書としては、人気占星術師の石井ゆかりの『親鸞＝Shinran』（二〇一二年）がある。石井はここで、親鸞の言葉を自らの世界観から読み解いている。占いやまじないを否定した親鸞や、そのような親鸞の思想を受け継ぐ浄土真宗からは遠い存在と思われる人物が、親鸞について語っているのである。このように親鸞は、明治期以降、現代にいたるまで、浄土真宗という枠組みを超えて、著名人によってさまざまな仕方で語られ、それが一般の人々に受容されるようになったのである。

知識人が論じる親鸞

それで言えば親鸞は、批評や評論の対象にもなってきた。亀井勝一郎（一九〇七―六六）の『親鸞』（一九四四年）、野間宏の『親鸞』（一九七三年）、吉本隆明の『最後の親鸞』（一九七六年）が代表的だろう。

戦争の足音が近づく昭和一五（一九四〇）年頃に『歎異抄』を読んで感動した亀井は、『親鸞』でその生涯と思想を論じたほか、昭和四四（一九六九）年には、『歎異抄』の現代語訳と注釈・解説をまとめた『歎異抄』を刊行している。亀井はこの書で、「伝絵」に描かれた出来事が親鸞にとってどのような意味を持つのかを、『歎異抄』での親鸞の言葉から論じていく。そうすることで、あるがままの人間の姿を直視する親鸞を描き出したのである。

野間は、仏教を庶民のものとして確立したのが親鸞だとし、生きにくい現代社会をどう生きるかを課題に掲げて、親鸞のとらえ直しを行った。野間の小説『わが塔はそこに立つ』（一九六二年）では、親鸞の生き方を通して、「仏教を現代において考えなおす」ことが目指され、[3]主人公は東国の民衆のなかに親鸞を見出していく。親鸞をマルクス主義的に解釈した歴史学者の服部之《し》総《そう》（一九〇一―五六）の影響を受けた野間は、この小説で、民衆とともに歩む親鸞像を打ち出したのだった。

戦後を代表する思想家・吉本の『最後の親鸞』は、宗教者としての親鸞の、最終的な到達点を論じたものである。ここでの親鸞は、自己の愚かさを自覚し、どう生きるかに迷う青年・親鸞ではない。軸となるのは、もはや念仏を称えても嬉しくない、早く浄土に行きたいという心も起こらないと告白する親鸞である。吉本は、何が善で何が悪かも分からず、信じるも信じないも個々人の心に任せるほかないという『歎異抄』での親鸞の言葉から、[4]知を極めながらも知を放棄し、念仏による成仏への期待を捨てて、まったき愚者となった、年老いた親鸞を描き出した。『歎異抄』を読み込み、その言葉に触発されて描き出した彼らの親鸞が、現代の親鸞像に与えた影響は大きい。

現代において、著名な知識人が親鸞を論じた例として挙げられるのは、山折哲雄（一九三一

―）の『親鸞をよむ』（二〇〇七年）と、梅原猛（一九二五―二〇一九）の『親鸞「四つの謎」を解く』（二〇一四年）であろう。『親鸞をよむ』で山折は、『教行信証』における親鸞の言葉と自分自身の人生経験とを結びつけて、親鸞とその思想を論じている。『親鸞「四つの謎」を解く』で梅原は、親鸞の史実をめぐる謎の解明を試みて、親鸞は源頼朝の甥であるとする大胆な説に着目し、親鸞の母や妻・玉日をめぐる史実の究明を行った。[5]彼らのこうした議論が契機となって、親鸞や浄土真宗に初めて関心を持った読者もいたことだろう。巡りめぐってそれは、社会一般における親鸞の認知度を上げることにも貢献したはずだ。

比較文学研究者で映画史家の四方田犬彦も、二〇一八年に刊行した『親鸞への接近』で、親鸞の思想について論じている。この書で四方田は、『教行信証』と『歎異抄』という二つのテクストを取り上げ、道元や『ヨブ記』との比較までしながら、この二著がいかにして生成したのか、緻密な読解を行った。それらの検証から浮かび上がってくるのは、入手し得たあらゆる経典を引きながら、悪人をも救うという阿弥陀仏のはたらきを書きつけていく親鸞の、情熱あふれる姿である。

近代日本の思想史を研究する中島岳志が二〇一七年に刊行した『親鸞と日本主義』も、忘れてはならない。この本は、近代日本において、天皇中心の国家を理想とする日本主義と親鸞思想とが結びついた事実を明らかにして話題になった。この書で中島は、阿弥陀仏と天皇を同一視してファシズムに加担した親鸞主義者たちを列挙している。こうした角度からの探究は、これまではほとんどなされていなかったと言っていい。

興味深いのは、三國と中島の、親鸞との出会い方である。三國の場合、野間の『歎異抄』を読んだことがきっかけで、親鸞に惹かれていった。中島の場合は、吉本の講演会で、どんな極悪人でも救われるのが親鸞の思想だと吉本が発言したのに衝撃を受け、それがきっかけで親鸞に接近していった。この二つの事例は、浄土真宗の枠組みを離れたところで生み出された、親鸞をめぐる知との出会いが、新たな親鸞像を生み出す契機となっていることを示している。

浄土真宗の側の反応

浄土真宗の側も、こうした知から学ぼうとしている。西本願寺（本願寺派）も東本願寺（大谷派）も、宗派が主催する講演会に、中島ら知識人を積極的に招くようになった。大谷派では近年、教学の研鑽を目的とする教学会議の教学員として中島を迎え入れてもいる。浄土真宗の枠組みの外側で生まれた親鸞をめぐる知が、浄土真宗の側から求められるようになったのである。言い換えればそれは、浄土真宗の外側で語られた親鸞が、〝本来の〟親鸞を形作った浄土真宗から必要とされたということでもあるだろう。こうした動きが見られるようになったことも、現代の親鸞像を考える上で重要である。こんにち、浄土真宗の枠組みから離れて、さまざまな仕方で語られる親鸞が、今度は浄土真宗の枠内にある親鸞に、なんらかの影響を与えていくことも、可能性としては十分あり得るだろう。

先述した〝本来の〟親鸞とは、浄土真宗の宗祖としての親鸞、浄土真宗にとって正統な親鸞像という意味である。しかし、この親鸞もその始まりにおいては、そうであってほしいと想像／創造されたものであった。宗祖親鸞というイメージは、中世において覚如が「伝絵」を制作しなければ、今日ある姿にはなっていなかった。この親鸞像が、「御絵伝」や『御伝鈔』を通じて、全国の浄土真宗の門徒に伝わっていった。宗祖親鸞聖人というイメージは、人々に繰り返し語られるなかで定着してきたのである。

こうしたことを踏まえれば、浄土真宗の外側で語られた親鸞が、やがて正しい親鸞として語られる日が到来するかもしれない。ここで言う親鸞とは、史実における親鸞と違って、時代とともに変化していくものである。かつて、そうした変化が生じたように、今後、新しい親鸞像が語られ、それが紛れもない親鸞として、多くの人に受け入れられる日がやってこないとも限らないだろう。

日本人はなぜ親鸞に惹かれるのか

なぜ、これほど多くの日本人が親鸞に惹かれるのだろうか。文学者に思想家に研究者、そしてそれを受け取る多くの日本人は、なぜ親鸞のことが気になるのか。最後に、この大きな謎に対する著者なりの答えを出してみたい。

まず考えられるのが、その思想の独自性である。親鸞の思想は、念仏すれば誰でも極楽浄土へ行くことができるという、シンプルなものである。しかし念仏しようという気持ちは自発的に起こるものではなく、阿弥陀仏によってもたらされるものとされる。念仏を称えれば称えるほどいいのではなく、極楽浄土へ行くことが阿弥陀仏によって既に誓われているからこそ、念仏が称えられるのだという。信じる気持ちが起こった時に、極楽に往生することも決まるのだともいう。こうした思想の複雑さが、多くの知識人を惹きつけてきたのではないか。『歎異抄』のなかで、念仏を称えても嬉しいという気持ちになれない、早く極楽浄土へ行きたいとも思えないと言う唯円に共感する様も、一筋縄ではいかない親鸞の人となりを想像させる。その性格の捉えにくさも、親鸞への興味と関心をいっそうかき立てるのではないか。

本書の関心に引き寄せて言えば、なぜ親鸞かを読み解くヒントとなるのが、歴史上の人物を主人公とする歴史小説である。現代においてもなお、歴史小説のヒーローたちは、多くの日本人に親しまれている。

日本人にとって親鸞とは、歴史小説や大衆小説に登場する、真田幸村や宮本武蔵、大石内蔵助や土方歳三といったヒーローたちと同じような存在なのではないだろうか。なかでも、土方ら新撰組に代表される幕末の志士が活躍する維新期は、大衆小説の舞台となることが非常に多い。大衆文学研究の泰斗・尾崎秀樹《ほつき》はその理由を、①読者の側にある程度の予備知識があること、②講談以来、戦いの緊張感を動乱期の出来事や人物に求める傾向が強いこと、③(維新史)研究での実証的な検証が軌道に乗りはじめたこと——を挙げている。[6] これらの要因が揃うことで、私たちは維新期の人物をめぐる物語に関心を持ち、そこでのヒーローたちに熱中するのだという。

親鸞は、この三条件をすべて備えている。①について言えば、親鸞の生涯を描いた「伝絵」が存在する。浄土真宗の寺院は、これをもとにした絵伝を所蔵し、毎年行われる報恩講では、そこに描かれた親鸞の生涯を読み上げてきた。

しかも「伝絵」では、九〇歳で逝去した親鸞の生涯におけるエッセンスがコンパクトにまとめられている。これをもとに、いかようにも親鸞の物語を創ることができるのだ。さらに言うと、「伝絵」が一五段で構成されているのに対して、法然の絵巻は四八巻、一遍の絵巻は四八場面と、格段に分量が多い。法然などの他の宗教者と比べて、親鸞には膨大な量の伝記や文学作品があるが、それにはこのような事情も与っているだろう。

第五章で論じたように、親鸞伝や、親鸞が登場する小説・戯曲の大半は「伝絵」の内容を改変したり、新たなエピソードを加えたりして作られている。これらの作品に触れることで、読者は親鸞の生涯について知識を身に着けていく。そうした作品の作家が描く「妻帯した親鸞」や「『歎異抄』の親鸞」も、読者の関心を引き寄せ、そのことを通して、親鸞に対する一定のイメージが共有され、親鸞についての予備知識が備わっていく。
②について言えば、親鸞には、波乱に満ちた生涯を送ったというイメージがある。将来を嘱望された若き修行僧が比叡山を下りて、法然が率いる念仏集団の一員となり、流罪となって地方を転々とし、関東の民衆とともに生活をした後、京都に戻って死去――。遺骨を納めた廟堂が建て

られて、それが本願寺となり、日本屈指の巨大教団へと発展していく。幾度も法難に遭った日蓮ほどではないものの、波瀾万丈の人生であることは間違いない。だからこそ、五木の「親鸞」シリーズのように、親鸞の人生をドラマチックに描くことができるのである。

③について言えば、他の宗教者と比べて、親鸞の史実に関する研究には膨大な蓄積がある。明治期以降、親鸞の伝記をめぐる実証的な研究が進み、根拠が不十分な伝承や神秘的なエピソードと、史実とが選り分けられた。だからといって、親鸞像がやせ細ってしまうことはなかった。むしろ、歴史的事実がはっきりしてきたことで、人間親鸞という、新たな親鸞像が生み出された。この人間親鸞が性欲に悩み、悪人である自分を深く内省し、いかに生きるべきかを問い続ける姿に、多くの知識人が惹かれていった。キリスト教的な愛を理想とする倉田百三は、ベストセラー『出家とその弟子』で、ひたすら善を求める親鸞を描き出した。そして西田幾多郎や亀井勝一郎、吉本隆明といった著名な知識人が親鸞を論じることで、一般の人々の親鸞への関心もますます高まっていった。この人間親鸞は近代文学にも取り入れられ、有名無名の作家が親鸞を題材に作品を書くことで、親鸞の認知度は上がっていった。

多くの日本人が親鸞に関心を持ち、多様な語りが生まれてきた背景を考えるに際して、親鸞を宗祖と仰ぐ浄土真宗の存在も欠かせない。

序章で述べたように、東本願寺（大谷派）と西本願寺（本願寺派）に属する門徒数だけでも約一五六八万人。東本願寺と西本願寺に属する寺院数は、合わせて約二万弱にも上る。北海道から沖縄まで、全国各地に浄土真宗系の寺院が存在し、それらの寺院には僧侶とその家族や職員、そして門徒たちがいる。こうした人々とつき合いのある近隣の人々や業者なども含めると、浄土真宗と関係がある人は膨大な数に上るだろう。先述したように、浄土真宗の側でも、一般社会へ向けて親鸞に関する出版物を出したり、講演会を開いたりしてきた。このような場で、小説家や研究者、評論家らが、親鸞についてさまざまに語ってきた。これらの要素が複合することで、多様な親鸞像が生み出され、人々はそれを受容してきたのである。

来る二〇二三年には、親鸞誕生八五〇年、立教開宗八〇〇年を記念して、東西両本願寺でそれぞれ大規模な法要が企画されている。序章で論じたように、親鸞その人は、自分のことについてはほとんど何も語っていない。にもかかわらず、没後ほどなくして、宗祖親鸞というイメージが確立し、浄土真宗は日本屈指の巨大宗教組織へと発展していった。これまで見てきたように、親鸞像は時代によって大きく異なる。その一方で、親鸞は浄土真宗の宗祖として尊敬と崇拝の対象であり続けている。自在に変化を遂げてきた親鸞像は、私たちが意識しているよりもずっと、変化することのない親鸞像に支えられているところが大きいと言っていい。

本書のタイトルは『親鸞 「六つの顔」はなぜ生まれたのか』である。だが、これから親鸞は、日本国内だけでなく、海外でも多様な語りの対象となり、その像はもっと変化していくことだろう。こうしたなかで、浄土真宗の枠組みの内側と外側、日本国内と海外という、親鸞をめぐる境界も、やがて薄れていくのかもしれない。そこで語られる親鸞は、やはり「伝絵」でのそれを変形させたものなのか、あるいは、まったく違ったものになるのか。どのような人が、どのような親鸞を語り出すのか、それはまだ分からない。だが、これからも親鸞は多様な語りの対象であり続け、さまざまな人々に受け止められ、従来の親鸞像にとらわれることなく自由に思い描かれることで、さらに新たな親鸞像が生み出されていくことだろう。

1――四方田犬彦『親鸞への接近』工作舎、二〇一八年、四一〇頁。
2――三國連太郎・梁石日『風狂に生きる』岩波書店、一九九九年、五一頁。
3――野間宏『歎異抄』筑摩書房、一九六九年。
4――吉本は、『歎異抄』の後序の言葉を私訳し、「なにが善であり何が悪であるか、というようなことは、おおよそ私の存知しないことである。なぜなら如来の心によって善しとおもわれるほど透徹して知っているのなら、悪をしっているともいえようが、煩悩具足の凡夫、火宅の無常のこの世界は、すべてのことがみなそらごと、たわごとで、真実あることとなどないのだが、ただ念仏だけがまことである」としている（吉本隆明『最後の親鸞』一九七六年、四四頁）。
5――梅原は、西山深草の『親鸞は源頼朝の甥――親鸞先妻・玉日実在説』（白馬社、二〇一二年）を参考に『親鸞聖人正明伝』の記述を検証し、親鸞の史実を解き明かそうと試みている。
6――尾崎秀樹「大衆文学における維新像（上）」『文学』三七巻（一）、一九六九年、六四―六七頁。

あとがき

私はお寺の生まれではなく、実家も浄土真宗ではない。仏教系大学の出身でもなく、親鸞について研究しようと思ったのは、たまたまだった。会社を辞めて大学院へ進学することになった頃、偶然立ち寄った雑司が谷の古書店でふと手にとったのが、歴史学者・赤松俊秀の『親鸞』だった。読んでみると、ああでもない、こうでもないと、親鸞の史実をめぐる熱い議論が繰り広げられていた。親鸞のことはなんとなく知っているつもりでいたが、こんなにも実態が分からない人なんだと驚くと同時に、では、私たち日本人がイメージする親鸞像とは一体どうやって出来上がったのか、疑問に思った。

この問いへの答えをまとめたのが、二〇一六年一二月に東京工業大学に提出した博士論文「親鸞像の形成と展開過程」である。本書はこの論文に大幅な加筆・修正を加えたものである。論文の審査には、戦暁梅先生（美術史）、桑子敏雄先生（哲学）、劉岸偉先生（比較文学・比較文化）、弓山達也先生（宗教学）、伊藤亜紗先生（美学）、橋爪大三郎先生（社会学）、本多弘之先生（真宗学）といった、実に多様な分野の先生が加わってくださった。丁寧かつ的確にコメントしてくださった先生方に、心から感謝を申し上げる。なかでも修士課程でお世話になった橋爪先生は、紆余曲折する私を叱咤激励し、軌道修正をしてくれた恩人である。学問で社会を読み解き、発信することを使命とする先生には、職業として学問に取り組む覚悟を教えられた。博士課程からご指導いただいた戦先生とは、専門が異なるところからの出発となり、それがために困らせてしまったこともあった。ある日、東工大の図書館前のベンチで絵巻のコピーを並べてあれこれ議論させてもらったことが、博士論文のスタートとなった。先生の下でなければ、私の研究は実を結ばなかったはずだ。女性研究者として、様々なライフイベントを乗り越えることは容易ではない。それを成し遂げてきた先生はこれからもずっと、私の憧れの存在である。

博士課程から現在に至るまで、東本願寺（大谷派）と西本願寺（本願寺派）それぞれをバックグラウンドとする研究機関に受け入れていただいてきた。異なる派を渡り歩くケースはかなり稀だと思うが、どちらの先生方も外側からやって来た私を温かく迎えてくださり、専門的なご指導をしてくださったことに厚く御礼申し上げる。

また、本書への図版の掲載にあたっては、東本願寺、西本願寺、専修寺（真宗高田派）、響忍寺にご協力をいただき、図2－1から図2－17までは、真宗史料刊行会編『大系真宗史料［特別巻］絵巻と絵詞』（法藏館、二〇〇六年）から、図1－1は、沙加戸弘『親鸞聖人御絵伝を読み解く――絵解台本付』（法藏館、二〇一二年）から、それぞれ転載させていただいた。

研究上の最大の転機は、近代仏教研究に取り組む専門家の集団、「チーム近代仏教」に〝入部〟したことだ。部活のように熱い研究会と、家族のように賑やかな懇親会をこれまで何度も重ねてきた。私をこのチームに勧誘し、優しく励まし続けてくれる大谷栄一先生と、近代仏教の魅惑的な領域に手招きしてくださる吉永進一先生には、ここにお名前を記して感謝したい。チームを牽引する碧海寿広氏とクラウタウ・オリオン氏は、パートナーとして、コーチとして、公私ともに私を支えてくれる心強い存在であり、日々感謝している。日頃より鋭い意見と深い知見を示してくださる名和達宣氏、近藤俊太郎氏をはじめ、ここにお名前を挙げきれない多くの先生方・先輩方にも改めて感謝の意を伝えたい。これまで、勢いある先生方と優秀な先輩たちのプレーを観ては球拾いすることで精一杯だったが、これからは私も勇気を出して、ボールを投げてみようと思う。

研究者という、不思議で楽しい道を歩く娘を応援してくれる両親にも深く感謝したい。浄土真宗のことは難しくてよく分からないけれど、五木寛之の『親鸞』は面白いよね、という二人の感覚が、本書の底に流れている。

最後に、本書の編集を担当してくれた石島裕之氏に心からお礼を言いたい。頼りない著者と付き添う労力はどれほどだったかと思うと、頭が下がるばかりである。本当に、ありがとうございました。親鸞も足を踏み入れなかったと思われる、茨城県北部出身の私たちがたまたま東京で出会い、親鸞についての本がこうして完成したことに、遠い宿縁と慶びを感じる。

二〇一九年六月　武蔵野にて

大澤絢子

初出一覧

＊既出の論考には大幅な加筆・修正を行った。

序　章

書き下ろし

第一章・第二章

「覚如「三代伝持」の表明における康永本『親鸞伝絵』の意義――琳阿本・高田本との絵相比較より」（『佛教文化学会紀要』第二三号、二〇一四年）

第三章

「浄土真宗の「妻帯の宗風」はいかに確立したか――江戸期における僧侶の妻帯に対する厳罰化と親鸞伝の言説をめぐって」（『日本研究』第四九集、二〇一四年）

第四章

「浩々洞同人による『歎異抄』読解と親鸞像――倉田百三『出家とその弟子』への継承と相違」

(『宗教研究』第九〇巻第三輯、二〇一六年)

第五章

「大正期親鸞文学における「人間親鸞」像の変容——倉田百三から石丸梧平へ」(『現代と親鸞』二九号、二〇一四年)および「大正期親鸞流行と親鸞像」(『佛教文化学会紀要』二七号、二〇一九年)

第六章

書き下ろし

終　章

書き下ろし

大澤絢子 おおさわ・あやこ

一九八六年、茨城県生まれ。お茶の水女子大学文教育学部卒業。東京工業大学大学院社会理工学研究科価値システム専攻博士課程修了。博士（学術）。専門は宗教学・仏教文化論。親鸞仏教センター嘱託研究員、龍谷大学世界仏教文化研究センター博士研究員を経て現在、大谷大学真宗総合研究所東京分室PD研究員および龍谷大学、同志社大学非常勤（嘱託）講師。監修に、『親鸞文学全集 大正編』第一巻―第八巻（同朋舎新社、二〇一七―二〇一八年）、共著に、『日本宗教史のキーワード――近代主義を超えて』（慶応義塾大学出版会、二〇一八年）などがある。

筑摩選書 0178

親鸞《しんらん》「六《むっ》つの顔《かお》」はなぜ生《う》まれたのか

二〇一九年八月一五日 初版第一刷発行

著者 大澤絢子《おおさわあやこ》
発行者 喜入冬子
発行 株式会社筑摩書房
東京都台東区蔵前二-五-三 郵便番号 一一一-八七五五
電話番号 〇三-五六八七-二六〇一（代表）
装幀者 神田昇和
印刷製本 中央精版印刷株式会社

 ISBN978-4-480-01685-0 C0315

筑摩選書 0020

利他的な遺伝子
ヒトにモラルはあるか

柳澤嘉一郎

遺伝子は本当に「利己的」なのか。他人のために生命さえ投げ出すような利他的な行動や感情は、なぜ生まれるのか。ヒトという生きものの本質に迫る進化エッセイ。

筑摩選書 0023

天皇陵古墳への招待

森 浩一

いまだ発掘が許されない天皇陵古墳。本書では、天皇陵古墳をめぐる考古学の歩みを振り返りつつ、古墳の地理的位置・形状、文献資料を駆使し総合的に考察する。

筑摩選書 0027

「窓」の思想史
日本とヨーロッパの建築表象論

浜本隆志

建築物に欠かせない「窓」。それはまた、歴史・文化的にきわめて興味深い表象でもある。そこに込められた意味を日本とヨーロッパの比較から探るひとつの思想史。

筑摩選書 0030

公共哲学からの応答
3・11の衝撃の後で

山脇直司

3・11の出来事は、善き公正な社会を追求する公共哲学という学問にも様々な問いを突きつけることとなった。その問題群に応えながら、今後の議論への途を開く。

筑摩選書 0034

反原発の思想史
冷戦からフクシマへ

絓 秀実

中ソ論争から「68年」やエコロジー、サブカルチャーを経てフクシマへ。複雑に交差する反核運動や「原子力の平和利用」などの論点から、3・11が顕在化させた現代史を描く。

筑摩選書 0046

寅さんとイエス

米田彰男

イエスの風貌とユーモアは寅さんに類似している。聖書学の成果に「男はつらいよ」の精緻な読みこみを重ね合わせ、現代に求められている聖なる無用性の根源に迫る。

筑摩選書 0048

宮沢賢治の世界

吉本隆明

著者が青年期から強い影響を受けてきた宮沢賢治について、機会あるごとに生の声で語り続けてきた三十数年に及ぶ講演のすべてを収録した貴重な一冊。全十一章。

筑摩選書 0054

世界正義論

井上達夫

超大国による「正義」の濫用、世界的な規模で広がりゆく貧富の格差……。こうした中にあって「グローバルな正義」の可能性を原理的に追究する政治哲学の書。

筑摩選書 0059

放射能問題に立ち向かう哲学

一ノ瀬正樹

放射能問題は人間本性を照らし出す。本書では、理性を脅かし信念対立に陥りがちな問題を哲学的思考法で問い詰め、混沌とした事態を収拾するための糸口を模索する。

筑摩選書 0068

「魂」の思想史
近代の異端者とともに

酒井 健

合理主義や功利主義に彩られた近代。時代の趨勢に反し、魂の声に魅き込まれた人々がいる。彼らの思索の跡は我々に何を語るのか。生の息吹に溢れる異色の思想史。

筑摩選書
0070

社会心理学講義
〈閉ざされた社会〉と〈開かれた社会〉

小坂井敏晶

社会心理学とはどのような学問なのか。本書では、社会を支える「同一性と変化」の原理を軸にこの学の発想と意義を伝える。人間理解への示唆に満ちた渾身の講義。

筑摩選書
0071

一神教の起源
旧約聖書の「神」はどこから来たのか

山我哲雄

ヤハウェのみを神とし、他の神を否定する唯一神観。この観念が、古代イスラエルにおいていかにして生じたのかを、信仰上の「革命」として鮮やかに描き出す。

筑摩選書
0072

愛国・革命・民主
日本史から世界を考える

三谷 博

近代世界に類を見ない大革命、明治維新はどうして可能だったのか。その歴史的経験から、時空を超える普遍的英知を探り、それを補助線に世界の「いま」を理解する。

筑摩選書
0076

民主主義のつくり方

宇野重規

民主主義への不信が募る現代日本。より身近で使い勝手のよいものへと転換するには何が必要なのか。〈プラグマティズム〉型民主主義に可能性を見出す希望の書!

筑摩選書
0077

北のはやり歌

赤坂憲雄

昭和の歌謡曲はなぜ「北」を歌ったのか。「リンゴの唄」から「津軽海峡・冬景色」「みだれ髪」まで、時代を映す鏡である流行歌に、戦後日本の精神の変遷を探る。

筑摩選書
0078
紅白歌合戦と日本人
太田省一
誰もが認める国民的番組、紅白歌合戦。今なお40%台の視聴率を誇るこの番組の変遷を、興味深い逸話を交えつつ論じ、日本人とは何かを浮き彫りにする渾身作！

筑摩選書
0087
自由か、さもなくば幸福か？
二一世紀の〈あり得べき社会〉を問う
大屋雄裕
二〇世紀の苦闘と幻滅を経て、私たちの社会はどこへ向かおうとしているのか？　一九世紀以降の「統制のモード」の変容を追い、可能な未来像を描出した衝撃作！

筑摩選書
0093
キリストの顔
イメージ人類学序説
水野千依
見てはならないとされる神の肖像は、なぜ、いかにして描かれえたか。キリストの顔をめぐるイメージの地層を掘り起こし、「聖なるもの」が生み出される過程に迫る。

筑摩選書
0099
明治の「性典」を作った男
謎の医学者・千葉繁を追う
赤川学
『解体新書』の生殖器版とも言い得る『造化機論』四部作。明治期の一大ベストセラーとなったこの訳書を手掛けた謎の医学者・千葉繁の生涯とその時代を描く。

筑摩選書
0106
現象学という思考
〈自明なもの〉の知へ
田口茂
日常における〈自明なもの〉を精査し、我々の経験の構造を浮き彫りにする営為――現象学。その尽きせぬ魅力と射程を粘り強い思考とともに伝える新しい入門書。

筑摩選書 0108

希望の思想 プラグマティズム入門

大賀祐樹

暫定的で可謬的な「正しさ」を肯定し、誰もが共生できる社会構想を切り拓くプラグマティズム。デューイ、ローティらの軌跡を辿り直し、現代的意義を明らかにする。

筑摩選書 0109

法哲学講義

森村 進

法哲学とは、法と法学の諸問題を根本的・原理的レベルから考察する学問である。多領域と交錯するこの学を、第一人者が法概念論を中心に解説。全法学徒必読の書。

筑摩選書 0115

マリリン・モンローと原節子

田村千穂

セクシーなモンロー、永遠の処女のような原節子……。一般イメージとは異なり、いかに二人が多面的な魅力に満ちていたかを重要作品に即して、生き生きと描く。

筑摩選書 0119

民を殺す国・日本
足尾鉱毒事件からフクシマへ

大庭 健

フクシマも足尾鉱毒事件も、この国の「構造的な無責任」体制＝国家教によってもたらされた——。その乗り越えには何が必要なのか。倫理学者による迫真の書！

筑摩選書 0122

大乗経典の誕生
仏伝の再解釈でよみがえるブッダ

平岡 聡

ブッダ入滅の数百年後に生まれた大乗経典はどんな発想で作られ如何にして権威をもったのか。「仏伝」をキーワードに探り、仏教史上の一大転機を鮮やかに描く。

筑摩選書
0127

分断社会を終わらせる
「だれもが受益者」という財政戦略

井手英策　古市将人
宮崎雅人

所得・世代・性別・地域間の対立が激化し、分断化が進む現代日本。なぜか？　どうすればいいのか？「救済」から「必要」へと政治理念の変革を訴える希望の書。

筑摩選書
0130

これからのマルクス経済学入門

松尾匡
橋本貴彦

マルクスは資本主義経済をどう捉えていたのか？　マルクス経済学の基礎的概念を検討し、「投下労働価値」がその可能性の中心にあることを明確にした画期的な書！

筑摩選書
0133

憲法9条とわれらが日本
未来世代へ手渡す

大澤真幸 編

憲法九条を徹底して考え、戦後日本を鋭く問う。社会学者の編著者が、強靭な思索者たる井上達夫、加藤典洋、中島岳志の諸氏とともに、「これから」を提言する！

筑摩選書
0137

〈業〉とは何か
行為と道徳の仏教思想史

平岡聡

仏教における「業思想」は、倫理思想であり行為の哲学でもある。初期仏教から大乗仏教まで、様々に変遷してきたこの思想の歴史と論理をスリリングに読み解く！

筑摩選書
0138

ローティ
連帯と自己超克の思想

冨田恭彦

プラグマティズムの最重要な哲学者リチャード・ローティ。彼の思想を哲学史の中で明快に一から読み解き、後半生の政治的発言にまで繋げて見せる決定版。